L•E•O ∞

DAVID R. HAMILTON

Wie ich lernte, mich zu *lieben*

Selbstversuch eines Wissenschaftlers

Aus dem Englischen von Annette Charpentier

L·E·O Verlag ist ein Imprint der Scorpio Verlag GmbH & Co. KG,
herausgegeben von Michael Görden

Die amerikanische Originalausgabe erschien 2015 unter dem Titel
»I heart me « bei Hay House UK Ltd.

1. Auflage
Deutsche Erstausgabe

Umschlaggestaltung: Guter Punkt, München,
unter Verwendung eines Motivs von © berya113/iStock
Lektorat: Angela Hermann-Heene
Satz: Robert Gigler, München
Druck und Bindung: GGP Media GmbH, Pößneck
ISBN 978-3-95736-081-6

Für Oscar

Inhaltsverzeichnis

Vorwort

Selbstliebe liegt mir sehr am Herzen – ja, man könnte sagen, dass Selbstliebe mir das Leben rettete.

2006 machte ich eine Nahtoderfahrung. Ich war schwer an Krebs erkrankt – Lymphoma im vierten Stadium –, der sich schon mit Metastasen im gesamten Körper ausgebreitet hatte. Ich hatte mehrere Tumore, einige von der Größe einer Zitrone, im Nacken, am Hals, in den Achselhöhlen, im Brustkorb und im Bauch. Mein Körper nahm keine Nährstoffe mehr auf und konnte nichts mehr verarbeiten. Meine Lungen waren voller Flüssigkeit, die regelmäßig abgesaugt werden musste. Außerdem brauchte ich ständig zusätzlichen Sauerstoff.

Am 2. Februar 2006 fiel ich in ein tiefes Koma. Die Ärzte teilten meiner Familie mit, dass sämtliche Organe versagten und ich nur noch Stunden zu leben hätte.

Doch während sich mein Körper kurz vor dem Sterben befand, blieb ich sehr wohl am Leben. Ich fühlte mich von meinem Körper getrennt, und es ging mir ungewöhnlich gut! Meine Familie hatte sich um meinen schwachen, sterbenden Körper versammelt und keine Ahnung, dass ich sie alle genau sehen konnte. Zu einem Zeitpunkt fühlte es sich an, als würde ich mich ausweiten und im Bewusstsein das gesamte Universum in mir fühlen. Unter den vielen Dingen, die ich während dieser Erfahrung spürte und begriff, war eine Erkenntnis unmittelbar bedeutsam für mich.

Ich begriff, dass der Krebs in meinem Körper eine Manifestation meiner eigenen Energie war, die sich gegen sich selbst gewandt hatte. Das will nicht heißen, dass dies für alle Menschen so sein muss, weil wir ja einzigartig sind. Doch ich kannte nur sehr wenig Selbstliebe. Fast mein ganzes Leben hatte ich mich nach den Regeln anderer gerichtet und niemals mein eigenes, wahres, authentisches Selbst gelebt.

Ich begriff, dass ich mich vom Krebs erholen würde, wenn ich mich in diesem Augenblick entschloss, mich selbst uneingeschränkt und ungehindert zu lieben und von nun an mein authentisches Ich auszudrücken. Ich begriff auch, dass Selbstliebe das Wichtigste ist, was wir Menschen lernen müssen, und dass leider viele Menschen einfach nicht wissen, wie man sich selbst liebt.

Das ist einer der Gründe, warum ich dieses Buch von David Hamilton liebe. Er beschloss nach einer Unterhaltung mit mir und meinem Mann Danny vor ein paar Jahren, sich mit diesem Thema zu befassen. Er beschreibt hier seinen eigenen Weg zur Selbstliebe und sagt ehrlich, wie oft ihm genau dies nicht gelang. Er gesteht seine eigenen inneren Kämpfe ein, mit denen sich viele Leser und Leserinnen sicher identifizieren können, denn immerhin sind wir ja alle bloß Menschen und haben die gleichen Schwierigkeiten, die aus mangelnder Selbstliebe entstehen.

David geht das Thema auf verschiedene Weisen an und bietet von daher jedem etwas, der mit mangelndem Selbstwertgefühl zu ringen hat. Als erfahrener Wissenschaftler ist sein Ansatz zu diesem Thema neu, basierend auf den neuesten Erkenntnissen in der Neurobiologie. Er zeigt uns, wie sich Selbstliebe im Gehirn verankern lässt, und demonstriert eindrucksvoll, wie einfach das jedem Einzelnen gelingen kann.

Wir erfahren auch, dass wir nicht ohne Selbstliebe auf die Welt kommen. Babys und kleine Kinder strahlen Selbstliebe geradezu aus. Oft bauen wir im Verlauf unseres Lebens ein Defizit an Selbstliebe auf, das David unter anderem als mangelndes Selbstwertgefühl beschreibt. Er erklärt unter anderem, dass Lernen allgemein zur Bildung von neuen Nervenverbindungen führt, was bedeutet, dass mangelndes Selbstwertgefühl »vergessen« und durch ein gesundes Selbstbewusstsein ersetzt und in der neuronalen Struktur des Gehirns verankert werden kann.

David diskutiert, wie wichtig es ist, authentisch zu leben und die Barrieren zu senken, die die eigene Verletzlichkeit schützen. Er lehrt uns, wie wir uns gegen Schamgefühle wappnen können, mit denen so viele Menschen zu kämpfen haben. Es geht auch darum, wie man sanfter und mitfühlender mit sich selbst umgeht.

Gegen Ende des Buches beschreibt David aus wissenschaftlicher Sicht, dass wir alle aus Liebe bestehen und Wesen aus Licht sind. Er enthüllt hier seine bemerkenswerte persönliche Geschichte, die er das »Deo-Wunder« nennt, die in seiner klugen Mischung aus Wissenschaft und Spiritualität verankert ist. Als Lichtwesen sollten wir uns aufrichten, unser authentisches Selbst leben und zu unserem Selbstwert stehen.

Dieses Buch über Selbstliebe ist umso bemerkenswerter, da David selbst einen Großteil seines Lebens an einem Mangel an Selbstwertgefühl gelitten hat. Er berichtet in der Einführung, dass das Schreiben viel länger als erwartet dauerte, weil er erst einmal lernen musste, sich selbst zu lieben.

Er spricht eben aus Erfahrung, und ich bin sicher, jeder kann von dieser Erfahrung lernen und aus seinen Einsichten, Weisheiten und Ermutigungen sowie den vielen Übungen Nutzen ziehen.

Ich hoffe, dass Sie Davids wichtiges Buch genau wie ich lieben und schätzen lernen.

Anita Moorjani, Bestsellerautorin von »Dying to be me: My Journey from Cancer to Near Death to True Healing«

Einführung

Die erste Version dieses Buches wurde von meinem Verleger abgelehnt. Meine vorigen sieben Bücher waren immer uneingeschränkt angenommen worden. Was stimmte also mit diesem hier nicht?

Der Grund war, dass ich beim Schreiben einen inneren Reifeprozess durchlaufen musste, bevor das Buch zu dem wurde, was Sie nun vor sich haben.

Wie ich im ersten Kapitel erkläre, gibt es drei Stadien der Selbstliebe. Viele Erwachsene befinden sich im ersten Stadium, das lautet: »Ich bin nicht gut genug.« Nicht gut genug, nicht wichtig genug, nicht erfolgreich genug … die meisten Menschen haben diese Haltung, gewöhnlich ohne es zu merken.

Ich selbst war mir dessen ebenfalls nicht bewusst bis zu dem Augenblick, als ich bei einer »I can do it«-Konferenz neben der Bühne stand. Mein Verleger Dr. Wayne Dyer, der international bekannte Autor, Redner und »Vater der Motivation«, hatte sie organisiert und bekam nun nach seinem Vortrag wohlverdienten, begeisterten Applaus. Ich war als nächster Redner an der Reihe.

Es war im September 2012 und das erste Mal, dass ein so großer Selbsthilfe-Workshop in Schottland stattfand. Da er in der Nähe meines Heimatorts abgehalten wurde, saßen im Publikum jede Menge Leute, die mich hier unterstützen wollten, unter anderem meine Familie, Freunde und andere, die meine Vorträge und Workshops besucht hatten.

Wohl jeder wird vor einem öffentlichen Auftritt ein wenig nervös. Das ist ganz normal. Aber was ich in den nächsten paar Augenblicken erlebte, war mehr als nur Nervosität. Ich fühlte mich zurückversetzt in die Zeit, als ich sechs war und in meiner Klasse in der Ecke stehen musste, weil ich das Geld für eine Klassenfahrt nicht dabeihatte. Mein Lehrer sagte: »Wenn David Hamilton es nicht schafft, das Geld mitzubringen, dann werden wir eben ohne ihn fahren.«

Der Rest der Klasse stellte sich in einer Reihe auf, um gelbe Abzeichen zu empfangen. An die Einzelheiten kann ich mich nicht mehr erinnern, nur, dass diese Abzeichen groß waren und strahlend gelb leuchteten. Sie bedeuteten, dass man etwas Besonderes war. Eindeutig waren alle anderen in meiner Klasse etwas Besonderes. Ich in meiner Ecke war es ebenso eindeutig nicht.

Meine Mutter hätte mir das Geld für die Klassenfahrt ohne zu zögern gegeben, aber ich hatte sie nicht darum gebeten. Ich wusste, dass Mum und Dad Geldprobleme hatten. Jeden Freitagabend besuchte uns ein Mann, dem meine Mum Geld gab, was er in einem großen Buch verzeichnete. Er kam von der *Provident,* einer Firma, die Menschen in Not Geld leiht. Tony war ein netter Mann, der uns jahrelang jede Woche besuchte. Doch eines Abends, kurz vor Weihnachten, war ich heimlich nach unten geschlichen und hatte gesehen, wie Mum weinte. Sie erklärte meinem Vater, dass meine Schwester Lesley neue Kleider brauchte und wir uns beide bestimmte Geschenke zu Weihnachten wünschten. Sie sagte: »Was soll ich nur tun?«

Ich schlich wieder nach oben und weinte ebenfalls, teilweise aus Mitleid mit meiner Mum, aber auch aus Scham, weil ich so egoistisch gewesen war. Ich gab mein ganzes Taschengeld immer nur für mich aus, doch Mum brauchte nie etwas für sich selbst. Sie gab immer alles der Familie.

Als kleines Kind versteht man den Wert von Geld nicht. Fünf Pence hätten schließlich ein ganzer Wochenlohn sein können, ich wusste es ja nicht besser. Daher hatte ich Mum nicht um diese Summe für die Klassenfahrt gebeten.

Bei der Konferenz trug Wayne Dyer kein gelbes Abzeichen, aber das wäre auch in Ordnung gewesen. In meinen Augen waren alle anderen Redner sowieso etwas Besonderes. Und ich war das nicht. Ich war bloß ein Typ aus einem kleinen Dörfchen namens Banknock. »Wofür hältst du dich eigentlich, hier einen Vortrag halten zu wollen?«, sagte eine innere Stimme. »Geh dorthin zurück, wo du hingehörst, und überlass die Vorträge den Großen.«

Natürlich konnte ich nicht einfach nach Hause gehen. Ich musste auf die Bühne. Wenige Minuten später stand ich da oben und tat, was ich einfach am besten konnte: Vorträge halten. Niemand wäre dabei auch nur auf die Idee gekommen, wie mir tatsächlich zumute war.

Aber dieser Augenblick war ein erstes Anzeichen dafür, dass ich meine persönlichen Probleme angehen musste. Es war ja nicht das erste Mal, dass ich mich klein und unbedeutend fühlte, und es würde sicherlich nicht das letzte Mal sein. Doch jetzt war mir klar, dass ich nicht länger zulassen durfte, dass es mein Leben und meine Karriere mehr als bisher einschränkte.

Wayne Dyer lud während seiner Rede Anita Moorjani, die Bestsellerautorin von »Dying to be Me«, auf die Bühne, damit sie die Geschichte ihrer Nahtoderfahrung erzählte, die sie im letzten Stadium von Lymphkrebs erlebt hatte. Anita hatte eine so grundlegende Ausweitung ihres Selbst erfahren, dass sich ihr Bewusstsein mit dem gesamten Universum als eins gefühlt hatte. In dem Zustand hatte sie begriffen, dass sich selbst zu lieben wohl das Wichtigste überhaupt für sie war, aber dass die meisten Menschen nicht wissen, wie man das anstellt.

In der folgenden Woche hatte ich in London Gelegenheit, mich lange mit Anita und ihrem Mann Danny zu unterhalten. Anita sprach erneut über Selbstliebe und wie sie sich entschieden hatte, sich selbst bedingungslos zu lieben und ihr authentisches Ich auszuleben. Sie beschrieb auch, wie sie innerhalb weniger Monate vom Krebs geheilt wurde.

Die Begegnung und Unterhaltung mit Anita war wie ein Weckruf für mich. Mir wurde klar, dass die Wurzel von fast allen Problemen in meinem Leben, besonders mein mangelndes Selbstbewusstsein, fehlende Selbstliebe war. Noch nie zuvor war ich so sicher gewesen, über welches Thema ich mein nächstes Buch schreiben würde. Ein Buch darüber zu schreiben war für mich der einzige Weg, mich derart in das Thema zu vertiefen, dass ich Selbstliebe wahrhaftig erfahren konnte. So begann mein »Projekt Selbstliebe«.

Das Schreiben dauerte jedoch viel länger als erwartet. Dies war ein weiterer Grund, warum sich dieses Buch von all meinen anderen unterschied: Ein fester Abgabetermin war einfach nicht zu halten.

Es gibt eigentlich nur zwei Arten von Selbsthilfebüchern. Beim ersten Typ hat jemand eine Lebensweise erkundet, selbst danach gelebt und über mehrere Jahre ein paar Regeln dazu entwickelt. Dann teilt er diese Weisheiten einem größeren Publikum mit. Bei der anderen Art spiegelt der Inhalt das Leben des Schreibenden wider, und der Autor lernt beim Schreiben selbst dazu. Das vorliegende Buch gehört in die zweite Kategorie. Die Arbeit daran war, wie schon erwähnt, für mich eine persönliche

Reise. In den vergangenen 21 Monaten habe ich mich mehr entwickelt als in den letzten zehn Jahren. Mein Hund Oscar hat mir dabei sehr geholfen.

Tiere kennen sich in Selbstliebe sehr gut aus. Sie haben keinerlei Probleme damit. Oscar trat als acht Wochen altes Hundebaby in mein Leben, als ich gerade die Arbeit an diesem Buch begann. Komisch, wie manches oft zusammenfällt.

Eines der Dinge, die Oscar mir beigebracht hat, war, dass Selbstliebe nicht bedeutet, »sich selbst *anstatt andere* zu lieben«. Noch heißt es, »liebe dich selbst, sobald du andere nicht mehr liebst« oder »liebe dich selbst genauso wie die anderen«. Andere Menschen spielen überhaupt keine Rolle. So einfach ist das.

Doch in der Praxis ist es nicht immer so simpel. Das Problem mit einem Abgabetermin für ein Buch, besonders wenn es um Selbstliebe geht, ist gleichbedeutend mit dem Satz: »Entwickle bitte deine Selbstliebe bis zum 30. Juni 2013.« Das war mein erster Termin.

Doch so funktioniert es mit der Selbstliebe nicht. Man kann sich nicht dazu drängen. Einen Termin für Selbstliebe festzusetzen führt dazu, dass man den Zustand nie erreicht, denn wenn man einen solchen Prozess zu beschleunigen versucht, bestätigt man sich immer wieder: »Ich bin nicht gut genug!« Wenn man nämlich gut genug wäre, würde man sich ja nicht so furchtbar anstrengen müssen, um gut zu sein, oder? Die Verlagsleiterin hob den Ablieferungstermin schließlich auf. Sie sagte, ich solle mich melden, wenn ich das Gefühl hätte, das Buch bald beenden zu können. Dafür bin ich ihr sehr dankbar. Es ermöglichte mir, ein Buch zu schreiben, auf das ich heute stolz bin.

Sie werden in diesem Buch die drei Stadien der Selbstliebe und ein mögliches viertes Stadium kennenlernen. Sie werden lernen, wie ein Mangel an Selbstliebe erlernt ist. Wir werden nicht so geboren. Wir verlieren das Selbstwertgefühl irgendwann auf dem Lebensweg, vermutlich in den ersten sechs oder sieben Jahren. Und mit der Zeit wird dieser Mangel als normal empfunden. Er verankert sich im Gehirn.

Teilweise geht es in diesem Buch darum, zu lernen, wie wir stattdessen positive Überzeugungen im Gehirn verankern können. Sie können das an den verschiedenen Übungen ausprobieren, die Ihnen dabei helfen. Einige Übungen verändern tatsächlich das neuronale Netzwerk.

Sie lernen auch, wie man sich gegen Schamgefühle wappnen kann. Außerdem fordere ich Sie auf, Ihre Hemmschranken oder Schutzbarrieren zu senken. Haben Sie keine Angst, Ihre wunden Punkte zu zeigen. Jeder Mensch fühlt sich irgendwie verletzlich, auch diejenigen, die sich immer ganz robust geben. Wenn man die eigenen Schwächen eingesteht, hat der andere die Chance, seine eigenen zu bekennen. So entstehen Freundschaften. Wenn man sich echt gibt, ohne sich zu verstecken oder zu schauspielern, öffnet sich eine weitere Tür zur Selbstliebe.

Sie können in diesem Buch auch lernen, sich selbst gegenüber Mitgefühl zu entwickeln und sich zu vergeben. Das ist für viele Menschen ziemlich schwer. Wenn auch Sie das schwierig finden, dann finden sich hier einige Leitsätze und Strategien, wie man sich trotzdem im Leben weiterentwickelt.

Andere Erkenntnisse werden Ihnen helfen, sich mehr der Welt zuzuwenden und keine Angst mehr davor zu haben, wie oder wer Sie sind oder wer Sie sein wollen.

Ein Großteil meiner Theorien ist wissenschaftlich fundiert. Ich habe lange als Naturwissenschaftler gearbeitet und unter anderem in der Pharmaindustrie bei der Entwicklung von Medikamenten mitgewirkt. Was meine Qualifikationen angeht, ein Buch über Selbstliebe zu schreiben – nun, ich bin schließlich ein Mensch.

Wohl jeder in meinem Bekanntenkreis hat irgendwann Probleme gehabt, sich selbst zu lieben. Das Leben erspart es anscheinend kaum jemandem, manchmal am eigenen Wert zu zweifeln. Wir alle kennen dieses Problem. Daher werden Sie sich wohl auch in manchen Geschichten und Beispielen in diesem Buch wiedererkennen.

Ich benutze die Begriffe Selbstliebe, Selbstwert und Selbstbewusstsein überwiegend als Synonyme. Sie drücken zwar etwas leicht Unterschiedliches aus, aber die meisten Menschen benutzen diese Begriffe, um das Gleiche zu beschreiben – ihr eigenes Selbstwertgefühl und wie sich dieses in den Emotionen und Lebensumständen ausdrückt. Wenn ich einen dieser Begriffe ganz bewusst benutze, erkläre ich den Unterschied.

Das vorliegende Buch enthält zahlreiche Strategien, Tipps, Übungen, Aufmunterung, Inspiration und Beispiele. Ich hoffe, dass Sie sich am Ende selbst genug lieben können, um das weitere Leben so zu führen, wie Sie es wollen.

Willkommen zu Ihrem eigenen Selbstliebe-Projekt. Nehmen Sie sich dazu viel Zeit. Viel Spaß auf diesem Weg.

David

1. Teil

Wo stehen Sie in diesem Augenblick?

»Ich will mir mein Leben
nicht verdienen. Ich will leben.«
Oscar Wilde

1. Kapitel

Die drei Stadien der Selbstliebe

»Der Schlüssel zu Wachstum ist,
sich für höhere Bewusstseinsdimensionen zu öffnen.
Laotse

Die meisten Menschen handeln die meiste Zeit im Bewusstseinszustand von: »Ich bin nicht gut genug«, oder, anders ausgedrückt: »Ich bin nicht ausreichend.« Viele Menschen vertreten ihr ganzes Leben lang diese Position. Manchen gelingt es, das zu überspielen, aber innerlich bleiben sie darin verhaftet.

Andere Menschen gelangen an einen Punkt, an dem sie sagen: »Jetzt habe ich aber genug!« Das ist eine Übergangsphase, die gewöhnlich von Leidenschaft und zuweilen auch von Wut begleitet wird, besonders, wenn diese Menschen ausgenutzt oder tyrannisiert werden. Auf jeden Fall ist es eine bessere innere Haltung als die des Nicht-gut-genug-Seins, denn man wird ab jetzt vermutlich viel seltener ausgenutzt oder gemobbt.

Im Laufe der Zeit gelingt es einigen Menschen, auch diese Phase zu überwinden. Sie haben die Nase voll von dem erschöpfenden Gefühl, dass es ihnen jetzt reicht, denn man verbraucht sehr viel Energie dabei, die Gedanken ununterbrochen darauf auszurichten. Diese wenigen Glücklichen erreichen einen recht ausgeglichenen Zustand, in dem sie sich sagen können: »Ich bin gut genug«, oder: »Ich bin genug.« Diese Haltung zeichnet sich durch Akzeptanz und Gelassenheit aus, und häufig finden dann auch mehr Fröhlichkeit und Lachen Einzug ins Leben, das endlich nicht mehr so anstrengend ist. Natürlich stellen sich weiterhin Herausforderungen. Schließlich sind sie ein Bestandteil des menschlichen Lebens. Doch in diesem Zustand verschwenden wir keine Energie mehr darauf, anderen etwas vorzuspielen oder Menschen dazu zu bringen, uns zu mögen oder zu akzeptieren. Es stellt sich heraus, dass wir dadurch sehr viel Energie einsparen.

Die drei Stadien der Selbstliebe

Betrachten wir nun die drei Stadien genauer.

Erstes Stadium: »Ich bin nicht gut genug!«

Meine Qualifikation, dieses Buch zu schreiben, beruht auf der Tatsache, dass ich 42 Jahre meines Lebens in diesem Stadium verbracht habe. Und Sie, die dieses Buch nun in der Hand halten, kennen diesen Zustand vermutlich auch sehr gut.

Dieses Selbstliebe-Defizit, wie ich es manchmal nenne, steht vermutlich nicht im Vordergrund Ihrer Gedanken. Sie wissen, dass Sie dies auf einer bestimmten Ebene empfinden, aber im tagtäglichen Bewusstsein tritt das Gefühl nicht allzu oft hervor. Es ist mehr wie ein kleiner Kobold, der sich im Hintergrund Ihrer Gedanken versteckt hält, aber jederzeit bereit ist, aus den Kulissen zu springen und die Show zu übernehmen, wann immer sich eine gute Gelegenheit für ihn bietet.

Darüber hinaus spiegelt der Rest der Welt einem die eigenen Gefühle oft wider, was sich darin ausdrückt, wie andere einen behandeln.

Ich bin in der Schule oft gehänselt worden. Es war nie körperlich aggressiv, sondern eher emotional. Jahrelang war es bloß Spötterei, spitzte sich jedoch in meinem letzten Jahr auf der Highschool, als ich 17 war, zu. Die »Clique«, etwa ein Fünftel der rund 60 Schüler in dieser Jahrgangsstufe, führte praktisch über das ganze Schuljahr hinweg eine Kampagne gegen mich.

Das war wie Cyber-Mobbing, aber in den Tagen vor dem Internet. Sie hängten beispielsweise überall in der Schule Poster von mir auf, die mich verspotteten. Man erklärte etwa einen Tag zum »Wir lieben Hammy-Tag« – Hammy war mein Spitzname, abgeleitet von Hamilton. Liebe habe ich an diesem Tag kaum erfahren, aber viel Spott und Gelächter auf meine Kosten.

Als meine Mobber einmal betrunken waren (das passierte zuweilen, besonders um einen 18. Geburtstag herum, und als Oberstufler hatten wir unseren eigenen Gruppenraum) versuchten sie, einen Eimer Wasser über mich zu kippen. Ich war unterwegs zum Gruppenraum, und ein Mädchen, das mich kommen sah, stürzte aufgeregt zurück in das Zimmer. Da wusste ich, dass mir etwas bevorstand. Ich überlegte flüchtig, ob ich kehrtmachen und zurückgehen sollte, aber meine Tasche mit den Büchern befand sich in dem Raum, und ich brauchte sie, denn wir standen kurz vor dem Examen.

Nervös öffnete ich die Tür. Als Erstes nahm ich einen Jungen wahr, der auf einem Stuhl stand und versuchte, mich mit einem Lasso einzufangen. Vermutlich wäre ihm das gelungen, aber er war zu betrunken. Daher schnappte ich das Seil und hielt es fest. In der Aufregung, die darauf folgte, schleuderte jemand einen Eimer Wasser auf mich, doch ich konnte ausweichen und bekam nur ein paar Spritzer auf Hose und Schuhen ab. Vermutlich half es mir, dass ich als Einziger nicht betrunken war.

Dann holte ich meine Tasche von dem Tisch, wo ich sie abgestellt hatte. Dort saßen auch einige meiner Freunde, aber niemand sagte ein Wort. Ich verließ den Raum und suchte einen Ort, an dem ich ungestört losheulen konnte.

Während meiner gesamten Schulzeit war mir oft zum Weinen zumute. Entweder war ich den Tränen nahe oder ich hatte Angst. Für mich war das einfach die Normalität. Ich schien nichts tun zu können, um irgendetwas an meinem Leben zu ändern. Als ich schließlich allen Mut zusammenraffte und einen der Jungen fragte, warum sie mich so behandelten, erwiderte er abwehrend: »Wie meinst du das? Das ist ja die Höhe!« Das waren seine Worte, aber sie vermittelten eher die Botschaft: »So ist es nun mal, Hammy.«

Allerdings gab seine Antwort genau das wieder, was ich ohnehin für mich als Tatsache empfand. Tief in mir hatte ich das Gefühl, dass ich so oder so einfach *nicht gut genug* war.

Das wollte ich allerdings nicht zugeben. Ich sagte mir immer, dass man mich nur mobbte, weil ich in so vielem richtig gut war. Noch in der ersten Fassung dieses Buches gab ich das von mir. Ich schrieb da auch, dass ich lernte, meine Leistungen herunterzuspielen, damit ich nicht zur Zielscheibe wurde. Doch in Wirklichkeit wurde ich gemobbt, weil ich allen ganz bewusst ständig mitteilte, wie toll ich war. Es lag nicht daran, dass ich der schnellste Läufer war und ein paar Pokale gewonnen hatte oder dass ich als einer der intelligentesten Jungs in der Schule galt oder Karate machte und auch da einen Preis gewonnen hatte. Es hatte auch nichts damit zu tun, dass ich ziemlich gute Tricks mit meinem BMX-Rad draufhatte wie ein Wheelie über eine halbe Meile oder einen Sprung über acht Bierfässer. Es war nicht einmal aus dem Grund, dass ein paar der beliebtesten und attraktivsten Mädchen in meiner Klasse mich als gut aussehenden Typen bezeichneten. Nein, ich wurde gemobbt, weil ich vor anderen immer wieder mit meinen Erfolgen prahlte.

Und warum tat ich das? Weil ich die tief sitzende Überzeugung hatte, anderen Leuten einen Grund liefern zu müssen, mich zu mögen. Ich glaubte, dass sie sonst alle das Interesse an mir verlieren würden. Ich hatte Angst, ausgeschlossen zu sein, ausgestoßen … allein.

Wenn man das Gefühl hat, nicht gut genug zu sein, ist es leichter für andere, einen auszunutzen. Man sendet, wie es in der Opferpsychologie heißt, versteckte Signale aus.

In diesem Forschungsbereich forderte man einmal eine Gruppe von Gefangenen auf, Videos von Fußgängern auf einer belebten Straße in New York zu betrachten. Dann wurden sie gefragt, wen sie sich unter diesen Menschen als Opfer für einen Überfall oder Raub vornehmen würden. Sie trafen ihre Auswahl innerhalb weniger Sekunden.

Die meisten Menschen würden annehmen, dass man sich sein Opfer nach der Statur aussucht, aber die Kriminellen wählten unter anderem stattliche Männer aus und ignorierten zierliche Frauen. Ihre Auswahl hatte wenig mit dem Alter, der ethnischen Zugehörigkeit oder dem Geschlecht zu tun. Sie beruhte eher darauf, wie die Fußgänger sich hielten und bewegten. Menschen, deren Körperhaltung leichte Unsicherheit oder wenig Selbstbewusstsein verriet – ein Gefühl nicht *gut genug* zu sein –, waren fast immer diejenigen, die von den Kriminellen aufs Korn genommen wurden. Personen, die mehr Selbstbewusstsein ausstrahlten, wurden überwiegend ignoriert.[1]

Natürlich heißt das nicht, dass Menschen, die gemobbt, missbraucht oder überfallen worden sind, daran irgendwie selbst schuld waren. Viele solche Angriffe geschehen rein zufällig, und Mobber und Missbraucher wählen lediglich jemanden aus, von dem sie glauben, ihn leicht beherrschen zu können, um das eigene mangelnde Selbstwertgefühl zu kompensieren.

Aber wir strahlen sicherlich alle möglichen Signale aus. Einige werde ich im Weiteren erwähnen, doch vorwiegend mit dem Ziel, wie man sie verändert.

Zweites Stadium: »Ich habe genug davon!«

Auf Ihrem Weg zu Selbstliebe werden Sie sehr rasch die Phase erreichen, in der sie von allem genug haben. Sie haben genug davon, sich minderwertig zu fühlen. Sie haben genug davon, immer wieder bei einer Beförderung übergangen zu werden. Sie sind es leid, gemobbt oder ausgenutzt werden. Sie haben die Nase voll davon, sich hilflos zu fühlen. Es reicht Ihnen, Angst und wenig Selbstbewusstsein zu haben und immer wieder machtlos zu sein. Ich könnte noch lange so fortfahren. Einigen wir uns einfach darauf, dass Sie all dies nicht mehr wollen.

An diesem Punkt geschehen oft kleine Wunder, ganz leichte

Verschiebungen im Verhalten der Menschen in Ihrer Umgebung, die vorher einfach nicht stattfanden.

Zu Beginn meiner Karriere hielt ich einmal einen Vortrag vor einer Gruppe von Lehrern. Es war eine interne Veranstaltung, für die Lehrer einen Tag freibekommen, um Vorträge zu hören und sich weiterzubilden. Der stellvertretende Direktor dieser Schule hatte mich eingeladen, nachdem er ein paar Monate zuvor einen meiner Workshops besucht hatte. Ich sollte eine einstündige Rede über die Verbindung zwischen Naturwissenschaften und Inspiration halten.

Ich beginne diese Vorträge oft mit ein paar Beispielen über den Placeboeffekt, einerseits um von meiner Arbeit in der Pharmaindustrie zu berichten und wie mich der Placeboeffekt damals fasziniert hatte, aber auch, um das Konzept zu veranschaulichen, dass unser Gehirn viel machtvoller ist, als wir glauben. Als ich damals vor über hundert Lehrern und Verwaltungsangestellten sprach, begann sogleich das Mobbing.

Als Erster stand ein Biologielehrer auf und verkündete leicht aggressiv, dass der Placeboeffekt nicht echt sei, dass keine Wechselwirkung zwischen Körper und Geist bestünde und es manchen Patienten einfach von selbst besser ginge. Das war alles.

Doch obwohl ich zu dem Zeitpunkt vermutlich einer der führenden Experten auf dem Gebiet des Placeboeffekts war, obwohl ich mehrere Buchbeiträge und Artikel darüber geschrieben und etwa 500 Vorträge über die Verknüpfung von Körper und Seele gehalten und Fernseh-Produktionsfirmen beraten hatte, obwohl ich von einem Sender aufgefordert worden war, einen Dokumentarfilm über das Thema zu produzieren, obwohl ich einen Doktortitel hatte und als Wissenschaftler gearbeitet und aus erster Hand erfahren hatte, wie die Erwartungshaltung eines Patienten den Ausgang einer Krankheit beeinflusst – waren die einzigen Worte, die ich in dem Moment finden konnte:

»Oh, daran habe ich noch nicht gedacht. Vielleicht haben Sie recht.«

Warum reagierte ich so? Weil ich Angst hatte. Er war aggressiv. Und plötzlich war ich kein Erwachsener mehr, sondern ein Kind, das von einem strengen Lehrer zur Rede gestellt wird.

Meine Stimme veränderte sich. Ich sprach jetzt leiser. Das geschah nicht absichtlich, sondern weil meine Kehle wie zugeschnürt war. Inzwischen hatte ich vor dem gesamten Publikum in dieser Halle Angst.

Doch es wurde schlimmer. Bald konnte ich nur noch wenige Worte sagen, ehe mir ein Zuhörer ins Wort fiel. Nur mühsam konnte ich meine Tränen unterdrücken, und diese Peinlichkeit ließ sich vor dem Publikum bloß vermeiden, indem ich bewusst und tief atmete und sehr langsam sprach.

Die Wahrnehmung anderer ist oft seltsam. Der Direktor bat mich nach dem Vortrag in sein Büro. Er fragte, wie es mir gelungen sei, bei all den Angriffen auf mich nicht wütend zu werden und leise zu bleiben. Er fand meine Selbstkontrolle erstaunlich; es sei ein zutiefst inspirierendes Beispiel gewesen, an das sich alle Teilnehmer noch lange erinnern würden. Er lobte, wie ich meine Sprache verlangsamt und tief geatmet hatte, um meine Gefühle unter Kontrolle zu halten. Er wollte wissen, wie mir das gelungen war, denn er wollte es selbst lernen.

Natürlich gab ich nicht zu, dass ich etwa eine halbe Stunde nach Beginn des Vortrags am liebsten losgeheult hätte. Zu diesem Zeitpunkt konnte ich einfach nicht mehr. Ungefähr fünf Mobber ließen mich kaum mehr zu Wort kommen. Auf jeden Satz, den ich aussprach, folgte ein Angriff. Doch dann erlebte ich plötzlich einen sonderbaren Moment der Erkenntnis und Klarheit. Mir wurde bewusst, dass ich eigentlich nicht weiterzumachen brauchte – ich konnte einfach den Raum verlassen. Bezahlt wurde mir ohnehin kaum etwas, und nach Abzug meiner Spesen war es eigentlich eher ein Gefallen für den stellvertretenden Direktor.

Da empfand ich plötzlich eine innere Kraft, die mich mehr als alles andere erleichterte. Mein Abschiedsgeschenk würden ein paar ausgewählte Worte sein.

Das Rednerpult war hinter mir. Darauf hatte ich ein paar Notizen und eine Flasche Wasser deponiert. Nun wandte ich dem Publikum den Rücken zu und nahm beides in die Hand. Als ich mich wieder umdrehte, war ich bereit, dem Publikum klar und deutlich zu sagen, dass es sich seine Fortbildungsveranstaltung sonst wohin stecken konnte. Ich hatte nämlich *genug!*

Aber als ich gerade zu diesen Worten ansetzen wollte, stand eine junge Frau auf. Sie saß in der ersten Reihe, rechts von mir.

»Dr. Hamilton«, sagte sie, »ich möchte nur sagen, wie peinlich es mir ist, in diesem Publikum zu sitzen. Hier wird ja gemobbt wie auf dem Schulhof. Diese Lehrer hier sollten es eigentlich besser wissen. Ich bin eine Lehramtsanwärterin aus Australien und gekommen, um Erfahrung zu sammeln. Ich kann Ihnen versichern, dass ein solches Benehmen, wie es hier gezeigt wird, in Australien unmöglich wäre. Ich möchte Ihnen nur sagen, dass ich mich von dieser Gruppe distanziere.«

Darauf folgte lauter Applaus. Es war unglaublich. Eine Welle der Dankbarkeit und Erleichterung überflutete mich.

Als der Applaus endete, stand der Lehrer, der das Mobben angeführt hatte, auf und stürmte aus dem Raum. Die anderen vier waren nun ohne ihren Anführer.

In der Gruppe verhalten sich Menschen oft untypisch, besonders, wenn diese Gruppe sich gegen andere wendet. Manche Menschen (und ich zähle die verbliebenen vier Lehrer dazu) haben ein so niedriges Selbstwertgefühl, dass sie fast alles tun, um akzeptiert zu werden. Sie können dann auch sehr unfreundlich, ja, gemein sein. Wir kennen alle den Trieb, irgendwo dazuzugehören. Kaum war ihr Anführer verschwunden, wurden diese vier Lehrer zu den nettesten Menschen im Saal. Sie hingen geradezu an meinen Lippen und nickten, weit vorgebeugt, häufig und heftig. Ich hätte nun alles vorbringen können. Ich hätte behaupten können, die Erde sei eine Scheibe, und diese intelligenten Menschen hätten dafür Verständnis aufgebracht.

Heute empfinde ich echtes Mitgefühl für diese Lehrer, denn ich erkenne, wie sehr sie ihr vorheriges Verhalten wiedergutmachen wollten. Menschen, die andere mobben, dominieren oder kontrollieren wollen, haben ein extrem niedriges Selbstwertgefühl. Warum sonst sollten sie es so dringend brauchen, andere zu beherrschen? Endlich haben sie für kurze Zeit das Gefühl, anderen nicht mehr unterlegen, sondern gut genug zu sein.

Manche Menschen tyrannisieren andere auch, weil sie durch ihren Lebensstil, ihre Arbeit oder Beziehungen frustriert sind. Sie hatten sich das Leben anders vorgestellt und Träume gehabt, die nicht in Erfüllung gingen. Andere zu beherrschen verleiht ihnen das einzige Gefühl von Kontrolle, das sie kennen. In solchen Augenblicken wirkt das Gefühl, gut genug zu sein, wie ein Pflaster auf der Wunde des niedrigen Selbstbewusstseins.

Meine Freundin Ailsa und ich unterhielten uns vor ein paar Jahren über Selbsthilferatgeber. Das war, noch ehe ich selbst Bücher schrieb. Sie war dieser Selbsthilfewelle einigermaßen überdrüssig und hatte es satt, ständig die Probleme in ihrem Leben als Manifestationen ihrer eigenen Gedanken und Emotionen zu sehen.

Ich erwähnte eine Metapher, mit der ich gerade arbeitete und die ich später in meinem Buch *Is your Life Mapped Out?* verwendete: »Das Leben«, überlegte ich, »ist ein bisschen so, wie in einem kleinen Kanu über einen breiten Strom zu paddeln. Unser Verstand ist das Paddel. Wir können es einsetzen, um uns nach rechts oder links, vorwärts oder rückwärts zu bewegen, und sogar dazu, um einfach in einem kleinen Kreis zu paddeln. Der Fluss aber hat seine eigene Strömung, und manchmal, ohne dass wir dazu beitragen oder dafür verantwortlich sind, zieht uns diese Strömung nach links oder rechts, auf Menschen, Umgebungen oder Umstände zu.«

»Ha!«, sagte Ailsa. »Das ist schön und gut für die Leute, die Ratgeber und Selbsthilfebücher schreiben. Deren Fluss fließt ja ruhig. Ich hingegen stecke ständig in den Stromschnellen. Und wenn mir noch einmal jemand sagt, ich solle in mir selbst forschen, schlage ich zu!«

Sie war immer schon so schön friedlich gesinnt!

Ailsa hatte eindeutig genug!

Wie bereits erwähnt, ist dieses Stadium oft von Leidenschaft und zuweilen auch Wutausbrüchen gekennzeichnet. Wenn wir genug haben, dann haben wir es einfach satt, dass alles so ist, wie es ist. Wir haben genug davon, uns so zu fühlen, wie wir uns fühlen. Jetzt sind wir bereit, die Kontrolle über unser Leben zu erobern. Und falls jemand damit ein Problem hat, tja – Pech gehabt!

Eigentlich ist das ein recht gesunder Zustand. Denn zu diesem Zeitpunkt haben wir nicht mehr das Gefühl, machtlos zu sein. Auch wenn uns die gegenwärtigen Umstände nicht gefallen, erkennen wir, dass wir zumindest die Kontrolle über uns selbst haben, und wenn wir beginnen, diese Kontrolle auszuüben, erkennen wir als Nächstes, dass wir mehr Macht haben, unsere persönliche Realität zu verändern, als wir bisher angenommen hatten.

Das ist die Phase, in der Entscheidungen fallen, Beziehungen eingegangen, gestärkt oder aufgegeben werden, in der man ein neues Arbeitsverhältnis eingeht und plötzlich Respekt erfährt. Das ist der Zeitpunkt, an dem wir entscheiden zu ändern, wie und wo wir leben. Es ist der Moment, in dem wir beginnen, uns frei zu fühlen.

Drittes Stadium: »Ich bin gut genug!«

Im Laufe der Zeit erlangen zum Glück einige Menschen dieses Stadium, in dem man sich gut genug fühlt. Nun ist es nicht mehr notwendig, der Welt zu demonstrieren, dass man das Leben im Griff hat. Man empfindet das echt und innerlich.

In diesem Stadium haben wir auch nicht mehr das Bedürfnis, unseren Wert beweisen zu müssen. Wir fühlen uns nicht mehr gezwungen, mit allen anderen immer einer Meinung zu sein, noch brauchen wir es, dass jeder uns mag. Wir sind gegen Schamgefühle viel besser gewappnet. Wir haben keine Angst, unsere Schwächen, Unsicherheiten und Verletzlichkeiten zu zeigen. Wir sind auch in der Lage, uns um uns selbst zu kümmern. Das Leben wird angenehmer und verläuft glatter.

Manchmal erreichen wir dieses Stadium, ohne es recht zu bemerken. Wir spüren eines Tages bloß, dass wir uns schon eine Weile anders gefühlt haben. Das kann sogar über Nacht passieren, mit einer plötzlichen Erkenntnis und der festen Überzeugung, dass wir das Leben nun anders angehen, von einem ganz anderen Standpunkt aus.

Viele Menschen erreichen dieses Stadium in einem späteren Lebensalter, aber das will nicht heißen, dass wir es nicht jederzeit erlangen können. Ich habe lediglich beobachtet, dass die meisten Menschen lange brauchen, um wirklich zu glauben, dass sie gut genug sind. Manche gelangen dahin durch Nachgeben. Sie haben einfach keine Lust mehr, weiter zu kämpfen. Andere tauchen allmählich in dieser Phase auf.

Es ist ein Zustand von Zufriedenheit. Wir wehren uns nicht mehr gegen das Leben und haben dadurch tatsächlich mehr Einfluss auf unseren Alltag. Es ist außerdem ein Zustand von Dankbarkeit den Menschen in unserem Leben und allem anderen gegenüber.

In mancher Hinsicht ähneln wir damit unserem Kind-Ich. Kleine Kinder zweifeln nicht an ihrem Selbstwert. Sie wissen nicht einmal, was es ist, wertvoll zu sein. Aber ihr Verhalten zeigt, wie vollständig sie sich selbst akzeptieren und auch das, was wir als Erwachsene Selbstliebe nennen.

Bryce und Allyson besuchten uns einmal, als ihre Tochter Alyx etwa 18 Monate alt war. Nach dem Abendessen fragte Bryce sie: »Alyx, bist du etwas ganz Besonderes?« Das kleine Mädchen antwortete: »Jaaaaa!« Dann umarmte sie sich selbst. Als Nächstes stellte sie sich vor den großen Spiegel im Flur und küsste ihr Abbild.

Menschen, die wissen, dass sie *gut genug* sind, stellen ihren Selbstwert nicht infrage. Selbstliebe ist eine Grundannahme, die sie geradezu ausstrahlen. Und genau wie Kinder handeln einige auch dementsprechend.

Man erkennt es leicht, wenn Menschen wissen, dass sie gut genug sind. Gewöhnlich sind sie sehr liebenswert. Sie verschwenden keine Mühe darauf, andere von ihren Qualitäten und Leistungen zu überzeugen, sondern interessieren sich stattdessen für die ihres jeweiligen Gegenübers.

Ich werde Ihnen in diesem Buch zahlreiche Tipps und Ratschläge geben, wie man aus dieser Perspektive des »Gut Genug« lebt. Man könnte sagen, ich bin Ihr Fitnesstrainer für Selbstliebe.

Fitnesstraining für Selbstliebe

Das vorliegende Buch enthält zahlreiche Übungen. Man braucht sie nicht alle zu machen, aber ich rate Ihnen, sowohl diejenigen auszuprobieren, von denen Sie sich spontan angesprochen fühlen, als auch diejenigen, die Sie herausfordern oder anregen, Ihre Komfortzone zu verlassen. Es ist ein wenig wie ein Fitnessstudio für die Seele.

Der Schlüssel für mehr Selbstliebe ist, sie wie bei einem körperlichen Training regelmäßig zu üben, Und wie im Fitnessstudio ist es sinnvoll, ein paar Übungen öfter zu wiederholen, damit sie ihre Wirkung entfalten. Bei anderen dagegen kann es genügen, sie einmal zu machen, da sie zum Nachdenken anregen oder dazu, Entscheidungen zu treffen oder die nächsten Schritte zu überlegen. Alle Übungen sollen Ihnen helfen, die seelische und emotionale Fitness des Stadiums »Ich bin gut genug« zu erlangen. Sie versetzen damit Körper und Seele in diesen Zustand – auch wenn der anfangs nur von kurzer Dauer ist. Um eine Langzeitwirkung zu erzielen, muss man dieses Gefühl des »Gut genug« dauerhaft im Gehirn verankern. Darüber werden Sie im Weiteren mehr erfahren.

Wir sind alle bloß Menschen

Ich werde Sie in diesem Buch oft daran erinnern, dass wir alle bloß Menschen sind. Niemand geht durchs Leben, ohne jemals einen Fehler zu begehen. Niemand geht durchs Leben, ohne jemals einen schlechten Tag zu haben. Die meisten Menschen erleben das eigentlich sehr oft. Falls das Leben im Augenblick also sehr schwierig für Sie ist, dann stehen Sie mit Sicherheit nicht allein da. Viele Menschen haben momentan Schwierigkeiten. Manchmal macht allein diese Erkenntnis alles leichter. Man fühlt sich weniger allein. Und allein sind wir nicht. Jeder von uns ist schließlich ein Mitglied der menschlichen Gemeinschaft.

Zum Menschsein gehört ein Anspruch auf Glück. Diesen Anspruch brauchen wir uns nicht zu verdienen, ebenso wenig, wie wir Sonnenschein oder die Luft zum Atmen verdienen müssen. Außerdem haben wir einen Anspruch auf Liebe und Gesundheit. Wir haben auch Anspruch darauf, dass wir uns entwickeln. Mit Anspruch meine ich, dass dies ungefragt passiert, dass man darüber keinen Streit oder eine Diskussion zu führen braucht. Das ist einfach gegeben.

Behalten Sie dies bitte in Erinnerung, wenn Sie sich an Ihr Selbstliebe-Projekt begeben. Außerdem sollten Sie daran denken, dass Sie sich nicht beeilen müssen, es zu vollenden. Ich habe neun Monate gebraucht, bis ich eine erste Fassung dieses Buches abliefern konnte, und es war klar, dass ich noch immer eine ziemliche Wegstrecke vor mir hatte. Setzen Sie sich daher nicht unter Druck. Denken Sie bloß daran, dass es in Ordnung ist, wenn in diesem Augenblick alles so ist, wie es ist. Das macht es leichter, sich weiterzuentwickeln.

Zusammenfassend heißt das ... Die drei Stadien der Selbstliebe sind 1. »Ich bin nicht gut genug!« ... woraus sich das zweite Stadium entwickelt: »Ich habe genug davon!« ... worauf das dritte Stadium folgt: »Ich bin gut genug! «.

Die meisten Menschen bleiben lange im ersten Stadium verfangen, obwohl sie das kaum merken. Es ist weniger ein bewusster Zustand als eine Annahme über den eigenen Selbstwert, der uns veranlasst, die Welt und das Verhalten anderer auf bestimmte Weise zu deuten.

Das Bedürfnis, von anderen Menschen anerkannt zu werden, ist für dieses erste Stadium typisch. Ebenso, dass man sich klein und unwichtig fühlt und wenig selbstbewusst ist.

Nach einer Weile stellen wir vielleicht fest, dass wir nun davon genug haben. Das beruht nicht bloß auf unseren Lebensumständen und wie andere uns behandeln, sondern ist eher das Bewusstsein, dass dies eine Menge mit unserem eigenen Selbstwertgefühl zu tun hat. Also beginnen wir, mehr Kontrolle anzustreben.

In diesem Stadium ist es nicht ungewöhnlich, heftig oder sogar wütend zu reagieren. Es ist ein Zustand mit sehr viel mehr innerer Energie als das »Ich bin nicht gut genug«-Gefühl.

Jenseits dieses Stadiums wartet das Gefühl: »Ich bin gut genug.« Hier ist das Bedürfnis, sich ständig anderen gegenüber beweisen zu müssen, verschwunden. Wir sind nicht mehr darauf angewiesen, dass andere uns mögen, doch stellen wir vermutlich fest, dass wir eigentlich recht beliebt sind, denn wir mögen uns selbst. Daher verschwenden wir keine Energie mehr darauf, die Anerkennung und das Lob anderer zu suchen, und Erfolg und gute Leistungen stellen sich leichter ein. Das Leben bietet weiterhin Herausforderungen, denn das ist normal. Doch wir begegnen diesen nun mit der Haltung: »Ich bin gut genug.« Und daraus entstehen Glück und Erfüllung.

2. Kapitel

Nun zu den Eltern

»Forschungsstudien legen nahe,
dass der elterliche Einfluss Hauptfaktor dafür ist, wie sehr
Kinder unter Scham- und Schuldgefühlen leiden.«
BRENÉ BROWN[1]

Ist Ihnen schon einmal aufgefallen, dass sich die meisten Erwachsenen manchmal wie Kinder verhalten?

Ich habe einmal in einem Großraumbüro gearbeitet, und wenn ich die Augen schloss, glaubte ich oft, in einem Raum voller Kinder zu sitzen. Wutausbrüche, Schimpfworte, Türenknallen – so ungefähr alles passierte, was man in Schulpausen erwartet, abgesehen davon, dass niemand einem das Taschengeld klaute oder die Unterhose so hochzog, dass sie in der Spalte stecken blieb (obwohl die meisten Erwachsenen dafür ein Äquivalent haben). Die meiste Zeit befand ich mich in einer ganz normalen Büroumgebung, in der die Leute freundlich waren und fleißig arbeiteten. Doch wenn jemand auf den falschen Knopf drückte, verwandelten sich einige der Angestellten spontan in kleine Kinder.

Vermutlich haben Sie ebenfalls irgendwann einmal in einer solchen Gruppe gearbeitet. Ich wäre überrascht, wenn das nicht der Fall wäre. Nur wenige Erwachsene lassen dieses Verhalten ganz hinter sich. Man braucht ja nur ein paar Politiker im Streit miteinander zu beobachten, und Sie wissen, was ich meine. Nach außen hin wirken wir wie Erwachsene. Wir haben gelernt, wie man sich benehmen soll. Aber wenn man uns auf eine bestimmte Weise reizt, fliegt sämtliche Reife sofort über Bord.

Manche Menschen versuchen, im Arbeitsalltag ihr kindisches Benehmen zu verbergen, damit sie respektabel und professionell wirken. Aber im Privatbereich, vor dem Ehemann, der Ehefrau, den Kindern, tritt es dann umso deutlicher zutage.

Unsere ureigene chemische Mischung

Grund dafür ist eine bestimmte Mischung von chemischen Stoffen im Gehirn.

Wenn wir uns an eine Arbeitsstelle, einen Mann oder eine Frau gewöhnen oder auch an eine bestimmte Teesorte, gewöhnt sich auch das Gehirn an die bestimmte Mischung aus chemischen Stoffen, die mit der jeweiligen Situation verbunden ist. Einer dieser Stoffe ist Kortisol, das Stresshormon.

Diese Gewöhnung vollzieht sich meist in den ersten sechs oder sieben Lebensjahren. Es ist das Resultat einer zuverlässigen emotionalen Umgebung. Mit sieben Jahren hat das Gehirn eine ziemlich genaue Vorstellung von dem, was »normal« ist, daher legt es die Dosis von Kortisol und die allgemeine chemische Mischung nun fest.

Diese Einstellungen und unsere ganz persönliche Mischung nehmen wir mit ins Erwachsenenleben. Anschließend prägt diese Mischung, wie wir uns selbst wahrnehmen, wie wir die Welt ringsum und das Verhalten anderer deuten und wie wir auf Stressfaktoren reagieren. Aus diesem Grund verhalten sich die meisten Menschen wie Kinder.

Dieser Kortisolspiegel und die Mischung aus chemischen Stoffen sind aber nicht genetisch bedingt, auch wenn viele das annehmen. Man glaubt gerne und oft, dass für alles die Gene verantwortlich sind. Das wird noch forciert durch die groß angelegten Genom-Programme, in die Millionen gesteckt werden, damit wir etwa ein »Krebs-Gen« identifizieren können oder ein »Alzheimer-Gen«. Von diesen Projekten wird oft in den Schlagzeilen berichtet, doch die daran beteiligten Wissenschaftler wissen genau, dass es so einfach nicht ist. Sie wissen, dass es mit Ausnahme einer kleinen Anzahl von genetischen Krankheiten überwiegend an der Umwelt liegt, wie sich ein Gen verhält.

Die große Mehrheit weiß das leider nicht. Und so setzen sich die Leute in den Kopf, dass alles irgendwie an ihren Genen liegt und sie nichts dagegen unternehmen können. Doch das ist nicht wahr.

Gene sind ein bisschen so wie Glühbirnen mit einem Sensor dafür, wie viel natürliches Licht ringsum herrscht. Wenn das natürliche Licht gegen Abend schwindet, stellt sich die Glühbirne von selbst an. Sie reagiert auf ihre Umgebung. Unsere Gene verhalten sich ebenso. Das haben sie immer schon getan. So funktionieren sie nämlich.

Verstehen Sie mich bitte nicht falsch. Die Genetik spielt auch eine Rolle, aber wenn es um den Spiegel der chemischen Zusammensetzung im Gehirn geht und einen Großteil der neuronalen Struktur, dann ist diese Rolle eher klein. Unsere Umgebung ist viel wichtiger. Und wenn wir klein sind, dann wird unsere Umgebung überwiegend von den Eltern bestimmt.

Die Selbstwert-Ansteckung

Bewerten Sie Ihren Selbstwert auf einer Skala von eins bis zehn. Wenn Ihre Mutter etwa ein Selbstwertgefühl Stufe sieben hatte und Ihr Vater Stufe vier und Sie sich enger mit der Mutter verbunden fühlten, dann ist Ihr Selbstwert vermutlich ebenso ausgeprägt. Vielleicht liegt er auch nur auf Stufe sechs, falls Sie mehr Zeit mit Ihrem Papa verbrachten. Die ersten Jahre Ihrer Kindheit, wenn sich das Gehirn sehr schnell entwickelt, haben Sie vermutlich mehr in der von der Mutter beherrschten Umgebung verbracht. Ich nenne diese Übertragung die »Selbstwert-Ansteckung«.

Natürlich spielt sich das nicht immer so eindeutig ab, denn andere Menschen haben ebenfalls Einfluss, zum Beispiel Großeltern und sogar Lehrer. Manchmal ist es auch ein einmaliges Ereignis, vielleicht nur ein Satz, der uns unbewusst tief berührt und starke Wirkung hat. Es gibt also immer Ausnahmen. Es wird stets Menschen geben, die in einem Haushalt groß wurden, wo der Selbstwertpegel auf zwei stand, die aber für sich Stufe neun entwickeln. Oder solche, die in einer Familie von »Achtern« aufwuchsen und selbst nur Stufe drei erreichen. Doch die meisten Menschen entwickeln überwiegend ein Selbstwertgefühl, das ähnlich ausgeprägt ist wie das der Eltern.

Machen Sie sich dennoch keine Sorgen, wenn Sie Kinder haben und selbst unter mangelndem Selbstwertgefühl leiden. Sie haben ja nun den Selbstwert-Ansteckungseffekt begriffen und können Ihren Kindern helfen, ein gesundes Selbstbewusstsein zu entwickeln. Der Anfang dazu ist getan, wenn man sich dessen einfach nur bewusst ist. Sie können dann alles, was Sie in diesem Buch lernen, in die Praxis umsetzen. Und während das eigene Selbstbewusstsein wächst und Sie der Welt auf völlig neue Weise begegnen, helfen Sie gleichzeitig Ihren Kindern, denn sie lernen ja von Ihrem Verhalten und Ihren verbalen Äußerungen.

Wie die meisten Eltern hatten meine Mutter und mein Vater keine Ahnung von der Selbstwert-Ansteckung. Ich denke, meine Mutter begegnete der Welt mit einem recht bescheidenen Wert drei, mein Vater eher mit vier. Auf einer so niedrigen Ebene ist schon die Vorstellung von einem gesunden Selbstwertgefühl schwer zu begreifen, egal, was man im Leben tut, denn es gibt keine Vergleichsmöglichkeiten, keine Erfahrung, sich selbstbewusst zu fühlen. Es ist, als müsse man sich eine Farbe vorstellen, die gar nicht existiert.

Für viele Menschen ist es zur Gewohnheit geworden, der Umwelt mit niedrigem Selbstwertgefühl zu begegnen, und vermutlich zählen Sie sich zu dieser Gruppe. Ganz egal, was rings um Sie herum passiert, was gesagt wird oder wie sich die anderen verhalten, Ihr Gehirn ist so daran gewöhnt, die Welt auf bestimmte Weise zu interpretieren, dass Sie noch nie daran gedacht haben, das infrage zu stellen. Wenn etwas Schönes geschieht oder jemand etwas Nettes zu Ihnen sagt, nehmen Sie sogleich an, dies sei eine Ausnahme oder die anderen »sagen das bloß so«, oder es hat keinerlei Wirkung auf Sie. Ein niedriges Selbstwertgefühl bewirkt auch, dass Sie die Sätze und Handlungen anderer umdeuten, weil Ihr Gehirn tapfer versucht, das Gleichgewicht der chemischen Stoffe beizubehalten, an die es gewöhnt ist. Viele Menschen gehen tatsächlich bis zum Äußersten, um in einem Kompliment die versteckte – und erwartete – Beleidigung zu finden.

Häufig heiraten wir einen Partner mit ähnlichem Selbstwert-Pegel. Wir ziehen Menschen an, die uns die Erfahrungen und Bewertungen vermitteln, an die unsere Gehirnchemie gewöhnt ist. Es ist nichts Ungewöhnliches für jemanden mit niedrigem Selbstwertgefühl, Partner zu vermeiden, die sich wohl in ihrer Haut fühlen, und jene zu bevorzugen, die Stress, Ängstlichkeit und Depressionen in ihr Leben bringen, für die ihr Gehirn sie geradezu konditioniert hat.

Aber es besteht Hoffnung – natürlich, denn sonst hätte ich dieses Buch nicht geschrieben! Man kann in jedem Alter Selbstliebe lernen. Das geschieht durch beständiges Gedankentraining. Wie man das macht, werden Sie im Weiteren lernen. Aber zunächst wenden wir uns dem elterlichen Einfluss zu, um Ihr Verständnis hinsichtlich der kindlichen Entwicklung zu vertiefen. Dies trägt dazu bei, dass Sie sich schneller ändern können.

Wir lernen, an unserem Selbstwert zu zweifeln

Bei einer Konferenz vor einiger Zeit hörte ich den Autor von *Feel Happy Now,* Michael Neill, sagen: »Sie kamen als glücklicher Mensch auf die Welt. Sie brauchten nicht von Anfang an eine Therapie.«

Das ist sehr wahr! Am Anfang unseres Menschseins herrscht Glück. Wir haben ein gesundes Selbstwertgefühl. Doch die meisten Menschen verlieren dies beim Heranwachsen und verbringen dann den Rest ihres Lebens mit dem Versuch, es wiederzufinden. Kleine Kinder hingegen stellen ihren Selbstwert keineswegs infrage, jedenfalls nicht von Anfang an. Sie erlernen dies erst durch ihren Umgang und die Erfahrungen mit Erwachsenen.

Schlicht gesprochen, nehmen Kinder alles an, was die Erwachsenen ihnen sagen. Wenn die Worte und das Verhalten von Erwachsenen ihnen vermitteln, dass sie nicht gut genug sind, dann *verinnerlichen* sie, dass sie nicht gut genug sind. Wenn die Worte und das Verhalten von Erwachsenen ihnen vermitteln, dass sie *gut genug* sind, dann glauben sie genauso fest exakt dies.

Wie geschieht das? Es gibt drei Wege, die zu dieser Verinnerlichung führen.

1. Beschämen

Der Erziehungsstil mancher Eltern beruht darauf, ihr Kind zu beschämen. Dies geschieht hauptsächlich, weil sie selbst nichts anderes erfahren haben. Sie wurden von ihren Eltern beschämt und diese von deren Eltern. Schamgefühle zu erzeugen ist ein Erziehungsstil, der genau wie Gene durch Generationen hinweg weitergetragen wird. Es ist eine bestimmte Methode, um das kindliche Verhalten zu korrigieren. Aber wenn man einem Kind sagt, es sei schlecht, ein Lügner oder zu nichts nütze, hat das eine ganz bestimmte negative Wirkung. Diese Wirkung entsteht nicht durch die Ermahnung, sondern durch die Wortwahl »Du bist …«, gefolgt von etwas Negativem. Das beschämt, und diese Schamgefühle entstehen in der Kindheit.

Der springende Punkt ist nämlich, dass ein großer Unterschied darin besteht, ob jemand ab und zu lügt oder ob er ein *Lügner ist*. Zu lügen ist ein bestimmtes Verhalten, und ein Verhalten kann man ändern. Aber wenn ein Kind glaubt, ein Lügner zu *sein*, dann müsste es ja seine gesamte Identität verändern, um anders zu werden. Das erscheint viel zu schwierig, und so kann der bloße Gedanke daran bei Kindern ein Gefühl von Hoffnungslosigkeit erzeugen. Kinder neigen eher dazu, diese Identität, die ihnen von ihren Bezugspersonen verpasst worden ist, zu akzeptieren, und manche lügen, betrügen und stehlen, um dies auch auszudrücken. Schamgefühle untergraben jedenfalls immer das Selbstwertgefühl. Im weiteren Verlauf dieses Buches können Sie lernen, wie man sich gegen Schamgefühle wappnen kann.

Die meisten Eltern wollen ihre Kinder nicht beschämen. Sie haben einfach keine Ahnung, dass die Art, wie sie mit ihren Kindern sprechen, eine sehr negative Wirkung haben kann.

Eine sehr ermächtigende und bestätigende Kommunikation mit einem Kind habe ich in dem Film *The Help* erlebt, der auf dem Buch von Kathryn Stockett beruht. In diesem Film sagt die schwarze Kinderfrau immer wieder zu dem weißen Mädchen, das sie betreut, dass es gut ist, dass es ein freundliches Wesen hat und sehr wichtig ist. Dann fordert sie das Kind auf, diese Worte noch einmal für die Kinderfrau zu wiederholen. Für mich war das eine sehr ermächtigende Botschaft an ein Kind, die das Selbstwertgefühl mit Sicherheit stärkt. Das Kind gewinnt eine positive Identität durch die Worte: »Du bist …«, gefolgt von etwas Gutem.

Meine Freundin Lizzie wies mich allerdings darauf hin, dass viele Eltern, auch ihre eigenen, entsetzt wären, wenn ein Kind seinen Selbstwert so behauptete, aus der Überzeugung heraus, dass man es damit auffordert, sich allzu großartig zu fühlen und vorlaut zu sein. Diesen Begriff habe ich in dem Dorf, in dem ich aufwuchs, und in meiner Schule oft gehört. Da man nicht »vorlaut« sein will, verhält man sich dann leider sein Leben lang klein und unterwürfig. Dies trägt zum Gefühl bei, nicht gut genug zu sein, und dämpft jeden Ehrgeiz. Das kann ich aus eigener Erfahrung bestätigen.

Ein weiterer beliebter Angriff in meiner Dorfkindheit war, als »Angeber« bezeichnet zu werden. Daraufhin vermeidet man hervorzustechen, weil man sonst von der Gemeinschaft abgelehnt wird. Kinder lernen schnell, sich kleinzumachen, und schon ist die Grundlage für einen niedrigen Selbstwert gelegt.

2. Kritik

Ein weiterer Weg, der dazu führt, dass Kinder ihren Selbstwert anzweifeln, ist, sie zu kritisieren. Manche Kinder werden kritisiert, wenn sie etwas falsch oder aus Erwachsenensicht nicht perfekt machen. Andere werden mit Geschwistern verglichen, die immer alles richtig oder besser machen. Manche Eltern verspotten auch ihre Kinder oder beschimpfen sie.

Ein wenig Kritik hin und wieder ist angebracht, wenn es aus guter Absicht heraus geschieht, doch manche Kinder werden ununterbrochen kritisiert, und dies prägt die Nervenverbindungen im Gehirn. Die Tatsache, dass die Eltern versuchen, das Kind zu erziehen, und ihm beim Heranwachsen helfen wollen, spielt keine Rolle, weil diese ständige Kritik ein Gefühl von Minderwertigkeit erzeugt. Ein Vater sagt etwa: »Das machst du falsch«, und meint vielleicht: »Es wäre besser, wenn du dies so oder so machen würdest.« Das Kind hingegen hört: »Du bist nicht gut genug.« Mit der Zeit lernt das Kind unbewusst, dass es nie richtig gut genug ist.

Viele Kinder haben kritische Eltern, die sie ständig drängen, bessere schulische Leistungen zu erbringen. Wenn das Kind mit einer Zwei nach Hause kommt, fällt die Reaktion vermutlich freundlich aus, aber oft folgt darauf auch ein Satz wie: »Vielleicht wäre es eine Eins geworden, wenn du dich mehr angestrengt hättest.« Das Kind hört hier: »Du strengst dich nicht genug an.« Manchmal hängen die Eltern dann noch einen Vortrag darüber an, wie gut sie selbst in der Schule oder auf der Universität gewesen sind.

All dies kann bewirken, dass man sich in den nächsten Jahrzehnten ständig anstrengt, um den Eltern etwas zu beweisen. Viele erfolgreiche Menschen gehören zu dieser Kategorie, Perfektionisten, die immer die besten sein müssen und ständig von einem starken Mangelgefühl angetrieben werden, das ihrer Überzeugung nach eines Tages durch Erfolge befriedigt sein wird. Aber ihnen entgeht völlig, dass ein Mangel an Selbstwert niemals durch eine Leistung ausgeglichen werden kann. Diese Lücke wird nur durch die Überzeugung gefüllt, dass man gut genug ist.

3. Beobachtung

Der dritte Weg, wie Kinder lernen, an ihrem Selbstwert zu zweifeln, ist, die Menschen in ihrer Umgebung zu beobachten, vor allem die wichtigsten Bezugspersonen. Als ich klein war, hatte meine Mutter ein niedriges Selbstwertgefühl, und ich bekam mit, wie sie dies ausagierte. Dadurch lernte ich, mich ebenso zu verhalten – und zwar nicht, weil sie mir sagte, so müsse man sich benehmen, sondern einfach dadurch, dass ich es selbstverständlich von ihr übernahm. Sie selbst begann ja auch in der Kindheit, sich selbst anzuzweifeln.

Als Achtjährige erlebte meine Mutter mit, wie ihre Mutter einen Schlaganfall erlitt, durch den sie halbseitig gelähmt wurde und nicht mehr sprechen konnte. Meine Großmutter brach auf der Treppe zusammen und klammerte sich nur noch an das Geländer. Meine Tante Jane, Mutters ältere Schwester, die damals 17 war, schrie: »Schnell, hol Daddy!« Mein Großvater arbeitete etwa zwei Kilometer weit entfernt. Meine Mutter rannte, so schnell ihre Beine sie trugen, die Straße entlang und kehrte mit ihrem Vater zurück. Dann brachte man meine Großmutter ins Krankenhaus.

Granny hatte in der Familie immer die Wäsche und das Putzen besorgt, aber nach dem Schlaganfall musste der Rest der Familie einspringen. Mein Vater arbeitete sehr viel, und die beiden älteren Schwestern meiner Mutter waren in dem Alter, wo ihnen das Ausgehen mit Jungs wichtiger war als alles andere. Meine Mutter hatte das Gefühl, sie müsse nun alles allein erledigen, was sie betraf, und auch dabei helfen, sich um die beiden jüngeren Brüder zu kümmern. Ein paar Jahre später nahm der Lehrer sie eines Tages beiseite und hielt ihr vor, ihre Haarschleifen seien schmutzig. Ihre Mutter sei nun zwar behindert, aber sie sei schließlich alt genug, sich um solche Dinge zu kümmern. Möglicherweise geschah das in guter Absicht, aber einem jungen Mädchen kurz vor der Pubertät zu sagen, es sei schmutzig, war so ziemlich das Schlimmste, was er von sich geben konnte. Mutter entwickelte die tiefe Überzeugung, weniger wert zu sein als andere, ohne dass sie das Geringste dafürkonnte.

Auch als Erwachsene hatte sie wenig Selbstbewusstsein, was wohl nicht überrascht. So war die Entwicklung meines eigenen Selbstbewusstseins für mich eine der größten Herausforderungen meines Lebens.

Die Eltern

Manche Eltern haben einfach nicht viel Ahnung, wie man Kinder großzieht. Da, wo ich aufwuchs, waren die meisten Nachbarn freundlich und nett. Aber es kam auch nicht selten vor, dass man Kindern alle möglichen Schimpfnamen gab, die ich in diesem Buch nicht wiederholen möchte. Wie oft hörte ich eine Mutter oder einen Vater sagen: »Schau mich nicht so blöd an!«, oder: »Dir wird das Lachen noch vergehen!« Solche Sätze wurden stets voller Wut ausgesprochen. Kein Wunder, dass viele dieser Kinder mit sehr geringem Selbstwertgefühl groß wurden.

Ich wuchs in einem typischen Arbeiterklasse-Milieu heran. Meine Eltern drängten mich nie zu mehr Bildung, denn niemand in unserer Familie war jemals in die Oberstufe gegangen oder etwa an der Uni gewesen. Das galt in unserer Familie immer als zu hoch gegriffen. Mein Chemielehrer, Mr. Tracey, machte als Erster den Vorschlag. Ich war 16 und hatte in den Abschlussprüfungen in Chemie eine Eins erzielt.

Als er eine höhere Bildung erwähnte, war ich zunächst einmal schockiert. Ich konnte doch unmöglich auf eine Universität gehen. Dazu war ich nicht intelligent genug, und außerdem hatte meine Familie nicht genug Geld. So viel wusste ich.

Ich glaubte auch, so naiv das klingen mag, dass es nur zwei Universitäten in Großbritannien gab – Oxford und Cambridge. Das wusste ich von dem alljährlichen Ruderwettbewerb zwischen den beiden Universitäten, der im Fernsehen übertragen wurde. Um an einem solchen Ort zu studieren, musste man reich sein und zur Oberklasse gehören. Nur Leute wie Michael Thom und Paul Tortolano, zwei sehr intelligente Mitschüler, die der Mittelklasse angehörten, konnten vielleicht zur Universität gehen. Vielleicht auch Vince Kolosowski. Der hatte zwar den gleichen Hintergrund wie ich, aber er war klüger als alle anderen.

Eine akademische Bildung war in unserem Dorf die Ausnahme. Aber meine Mutter übte einen sehr positiven Einfluss aus. Mehrfach in meiner Kindheit hatte sie zu mir gesagt: »Streng dich in der Schule an, damit du mal ein besseres Leben hast als Papa und ich.« Wie oft hatte ich das gehört! Mir klingt es heute noch im Kopf wie ein Mantra.

Ich ging also auf die Uni und studierte Chemie. Der fehlende elterliche Druck führte dazu, dass ich mich begeistert und fasziniert ins Lernen stürzte. Ich liebte die Chemie. Ich liebte es, mich in Molekularstrukturen zu vertiefen und zu erfahren, wie sie sich zusammensetzen. Ich liebte auch die Berechnungen in einem Kurs, in dem Chemie, Physik und Mathematik sich überschnitten. Ich liebte es einfach, zu lernen!

Ein paar Mädchen und Jungen in meinem Kurs waren sehr ehrgeizig und erzielten immer Zensuren im obersten Drittel. Sie waren allerdings auch am meisten gestresst. Das schien eng miteinander zusammenzuhängen. Diese Studenten waren nur selten mit ihren Examensnoten zufrieden. Rückblickend würde ich sagen, dass sie auch depressiv waren, aber das verbargen sie gut.

Viele andere Studenten, die der Arbeiterklasse entstammten wie ich, waren entspannter und hatten es dadurch wesentlich leichter auf der Universität.

Diese Beobachtung wird durch eine Studie gestützt, in der Psychologen akademisch erfolgreiche Mädchen aus Mittelklasse-Familien mit solchen aus der Arbeiterklasse verglichen haben. Dabei wurden die Probanden von ihrem fünften bis zu ihrem 19. Lebensjahr begleitet.[2] Im Alter von 19 zeigten sich die Mädchen aus der Mittelklasse wesentlich gestresster und ängstlicher als die Vergleichsgruppe. Der Grund schien zu sein, dass sie sich nicht als gut genug empfanden.

Sehr häufig haben Mädchen, die in diese Kategorie fallen, besonders ehrgeizige Eltern, von denen sie viel Kritik hören. Das

Problem mit elterlicher Kritik als Erziehungsstil ist, dass die dahinterliegende Botschaft lautet: »Du bist nicht gut genug. Du bist nur gut genug, wenn du dies oder jenes erreichst.«

Kritische Eltern senden diese Botschaft natürlich nicht bewusst aus. Sie versuchen in erster Linie ihren Kindern klarzumachen, dass sie ihr Potenzial verwirklichen können. Diese Kinder werden oft zu äußerst erfolgreichen Erwachsenen, und natürlich fühlen sich die Eltern dadurch in ihrem Erziehungsstil gerechtfertigt. Doch diese Erfolgreichen leiden erwiesenermaßen eher an niedrigem Selbstwertgefühl als der Leistungsdurchschnitt. Und so bilden extrem ehrgeizige Eltern das Fundament für künftige Depressionen statt für ein zufriedenes, erfülltes Leben.

In einer Forschungsstudie über amerikanische Mädchen aus wohlhabenden Familien stellte sich heraus, dass über 20 Prozent an schweren Depressionen litten.[3] Depressionen betreffen jedoch nur rund 7 Prozent der Gesamtbevölkerung,[4] was deutlich zeigt, welche verheerende Wirkung es hat, wenn man andauernd gepusht oder kritisiert wird.

Manche Kinder, die stark angetrieben werden, akademisch erfolgreich zu sein, verbinden ihren Selbstwert eng mit ihrer Leistung, da sie nur durch Erfolge Wertschätzung von den sonst ständig kritisierenden Eltern erfahren. Wenn sie als Erwachsene Erfolg haben, fühlen sie sich mit sich selbst einigermaßen im Reinen. Wenn sie jedoch scheitern, sinkt ihr Selbstwertgefühl in den Keller, es sei denn, sie haben gelernt, sich selbst zu akzeptieren.

Als Erwachsene beherrschen diese Menschen es perfekt, sich völlig unrealistische Ziele zu setzen. Tief im Innern erwarten sie, dass sie scheitern, denn das versetzt sie auf eine Stufe ihres Selbstwertgefühls, an die sie gewöhnt sind. Damit halten sie auch die chemische Struktur im Gehirn im vertrauten Gleichgewicht. Doch gleichzeitig streben sie nach Erfolg in der Überzeugung, dass Erfolg ihnen mehr Anerkennung und somit Selbstbewusstsein bringen wird.

Ich möchte hier keine Klassenvergleiche anstellen, sondern nur darauf hinweisen, dass Eltern der Mittel- und Oberklasse ihre Kinder stärker unter Leistungsdruck setzen, denn sie haben die Vorteile von akademischem und materiellem Erfolg selbst erfahren und wünschen sich, dass es ihren Kindern einmal ebenso gut geht. Meist sind diese als Erwachsene tatsächlich in beruflicher und materieller Hinsicht erfolgreich, doch der Preis ist hoch, da der Leistungsdruck und die viele Kritik schon früh die seelische Gesundheit und das Selbstbewusstsein schwächten. Kinder brauchen Anleitung und Grenzen, aber sie müssen auch lernen, dass sie so, wie sie sind, gut genug sind, sie müssen eigene Entscheidungen treffen können und die Konsequenzen daraus erfahren.

Kurz gesagt, wir lernen durch die Art, wie unsere Eltern uns behandeln, was als normal gilt. Kinder sind ja viel schärfere Beobachter, als die Eltern je vermuten. Sie lernen, wie man mit ihnen sprechen sollte, dadurch, wie die Eltern mit ihnen sprechen. Sie lernen, wie man sich verhält, indem sie das elterliche Verhalten beobachten und wie sie mit anderen Menschen umgehen sollten durch die Art, wie die Eltern mit ihnen umgehen. Wir merken auch, ob wir genauso behandelt werden wie alle anderen, die Geschwister etwa. Wenn ein Bruder oder eine Schwester bevorzugt werden, setzt der Mangel an Selbstliebe schon sehr früh ein. Wir schließen nämlich daraus, dass diese besser sind als wir, und schlussfolgern daraus: »Ich bin nicht gut genug.«

Natürlich sind nicht alle Kinder so sensibel. Die meisten Kinder sind sehr widerstandsfähig und werden durch eine gelegentliche abfällige Bemerkung oder eine abwertende Situation keinen seelischen Schaden davontragen. Aber wenn sie grundsätzlich nachteilig behandelt werden, wirkt sich dies mit der Zeit durchaus negativ darauf aus, wie ein Kind sich selbst und seinen Platz in der Welt empfindet.

Es geht nicht um Vorwürfe

Ehe wir fortfahren, möchte ich klarstellen, dass es hier nicht darum geht, den Eltern wegen eventueller Mängel in unserem Selbstwertgefühl Vorwürfe zu machen. Die Mehrzahl der Mütter und Väter will nur das Beste für ihre Sprösslinge und tut dafür alles, was sie kann.

Ich selbst habe noch keine Kinder, doch das Verhältnis zu meinem Oscar kommt für mich einem Daddy-Sohn-Verhältnis schon sehr nahe. Manchmal ist er ein recht nervöser und ängstlicher Hund. Seinen größten Hit bei *YouTube*[5] hatte er als dreimonatiger Welpe. Bei seinem ersten Ausgang war er vor der Schwelle unseres Hauses stehen geblieben und nicht zu überreden gewesen, sich vorwärtszubewegen. So benimmt er sich auch heute noch öfter, nicht angesichts unserer eigenen Haustür, aber der von anderen Leuten.

Meine mangelnde Selbstliebe hatte Auswirkungen auf mein Selbstbewusstsein und meine Ängstlichkeit. Es ist durchaus wahrscheinlich, dass Oscar einige seiner Gewohnheiten von mir abschaute. Rückblickend würde ich heute mit dem kleinen Welpen, der damals zu uns kam, manches anders angehen. Damals jedoch glaubte ich, immer nur sein Bestes im Sinn zu haben.

Da er ein Hund ist, wird er mir glücklicherweise keine Vorwürfe machen. Wäre er ein Mensch, würde ich hoffen, dass er Verständnis dafür aufbrächte, dass ich meine eigenen Probleme im Leben habe und hatte, und dass er erkennen könnte, wie sehr ich ihn immer geliebt und versucht habe, das Beste für ihn zu tun. Und dass er, wenn er selbst einmal Vater würde, diese Einstellung ebenfalls weitergäbe.

Verständnis statt Vorwürfe – das sollte für uns alle der richtige Weg sein: Beginnen wir also mit unseren Fitnessübungen für Selbstliebe.

FITNESSTRAINING FÜR SELBSTLIEBE
Wie sehr ähneln Sie Ihren Eltern?

❖ Beantworten Sie ganz ehrlich, wie sehr Sie Ihrer Meinung nach Mutter oder Vater oder beiden Eltern ähneln hinsichtlich
... Ihres Verhaltens
... Ihrer Einstellungen und Denkweise
... Ihrer Überzeugungen
... wie Sie mit Problemen umgehen
... wie Sie Ihre Umwelt und andere betrachten

❖ Gibt es in Ihrem Leben Muster, die denjenigen Ihres Vaters und/oder Ihrer Mutter ähneln? Leben Sie beispielsweise mit einem Partner, der einem Elternteil ähnelt? Ähnelt Ihr Muster aus Erfolg und Scheitern dem Ihrer Eltern, oder haben Sie ähnliche Probleme mit Ihrer Gesundheit? All dies würde darauf hindeuten, dass Sie Überzeugungen Ihrer Eltern übernommen haben, dass Sie Ihre Umwelt so beurteilen, wie Sie es gelernt haben, und auch das Selbstwertgefühl sich danach ausrichtet.

❖ Wenn Sie Ähnlichkeiten mit den Eltern identifiziert haben, die Ihnen nicht guttun, denken Sie darüber nach, wie Sie Ihre Gedanken, Ihr Verhalten und Ihre Überzeugungen verändern müssen, um klarzustellen, dass Sie jetzt genug haben!. Schreiben Sie auf, was Ihnen einfällt. Sie notieren vielleicht:

> *»Meine Eltern haben zwar ein geringes Selbstbewusstsein, aber ich gehe ab jetzt mein Leben mit Zuversicht, Mut und Selbstrespekt an.«*

❖ Wenn Sie etwa die gleichen Gesundheitsprobleme wie Ihre Eltern aufgrund von deren Lebensweise haben, schreiben Sie vielleicht:

> *»Ich bin für meine Gesundheit selbst verantwortlich. Ich werde mich jetzt gesund ernähren und meinen Körper mit Liebe und Respekt behandeln.«*

❖ Vielleicht haben Sie eine Ähnlichkeit hinsichtlich finanzieller Probleme festgestellt und könnten dann etwa das Folgende schreiben:

> *»Ich werde meine Finanzen besser regeln als meine Eltern. Ich treffe jeden Tag wohlüberlegte Entscheidungen und setze Ideen in die Praxis um, die mich finanziell auf gesunde Beine stellen.«*

❖ Wiederholen Sie diese Kernsätze täglich zehn Mal morgens und zehn Mal abends.

Ein wichtiger Faktor, der uns dabei hilft, einen gesunden Selbstwert zu entwickeln, ist Selbstwirksamkeit. Diese stellt sich ein, wenn wir erkennen, dass uns das Leben nicht einfach so zustößt, sondern dass wir Einfluss nehmen können. Sie wissen nun, dass erlernte Verhaltens- und Denkmuster viele Ereignisse und Umstände beeinflussen. Die Wirkung dieser Übung besteht darin, diejenigen Muster in Ihrem Leben zu erkennen, die Sie von den Eltern erlernten, und sich von denjenigen zu lösen, die Ihnen nichts mehr nützen.

Manche Menschen erleben eine gute Kindheit, andere eine eher schwierige. Beantworten Sie die folgenden Fragen, wenn Sie das Gefühl haben, dass Ihr eher niedriges Selbstbewusstsein in der Kindheit so geprägt wurde.

FITNESSTRAINING FÜR SELBSTLIEBE
Wie entstanden die Probleme mit Ihrem Selbstwert?

- Haben Ihre Eltern Sie oft gelobt? Haben sie Sie kritisiert? Haben sie Sie beschämt?
- Wie hat Ihre Mutter normalerweise mit Ihnen gesprochen? Und der Vater? Ihre Geschwister?
- Hat ein Erlebnis in der Schule Ihr Selbstwertgefühl beeinträchtigt? Wenn ja, welches?
- Hat irgendjemand anders oder eine andere Situation Ihr Selbstbewusstsein geprägt?
- Schätzen Sie das Selbstwertgefühl Ihrer Eltern ein.
- Wie stark ähnelt Ihr eigener Selbstwert dem Ihrer Eltern?

Immer das Beste geben

Ich habe bereits erwähnt, wie wichtig es ist, dass man den Eltern für die eigenen Probleme mit dem Selbstbewusstsein keinen Vorwurf macht. Wenn sich das Leben bislang nicht wie erwartet entwickelt hat, gelangt man leicht zu dem Schluss, dass Mutter oder Vater daran schuld sind. Die meisten Eltern versuchen jedoch ständig, ihren Kenntnissen und ihrer Lebenserfahrung gemäß das Beste für die Kinder zu tun. Viele versuchen auch, ein ausgewogenes Verhältnis zwischen ihrer Verantwortung als Eltern und den anderen Verpflichtungen in Beruf und Finanzen zu schaffen.

Falls Sie wütend über Ihre Kindheit sind, probieren Sie die folgende Übung aus, damit Sie Ihre Eltern vielleicht besser verstehen können.

Achtung: Diese Übung ist nicht für Menschen gedacht, die missbraucht oder anderweitig misshandelt wurden. Wenn Sie ein schweres Kindheitstrauma erlitten haben, zögern Sie bitte nicht, sich an einen erfahrenen und mitfühlenden Therapeuten zu wenden.

FITNESSTRAINING FÜR SELBSTLIEBE: *Was war die Absicht Ihrer Eltern?*

Denken Sie darüber nach, wie Ihre Eltern sich Ihnen gegenüber als Kind verhalten haben. Fragen Sie sich: »Was war deren Absicht dabei?«

Geben Sie sich ein wenig Zeit für die Antwort. Versuchen Sie, sich in Ihre Eltern hineinzuversetzen. Glauben Sie ernsthaft, sie woll-

ten Sie unglücklich machen? Könnte es sein, dass sie einfach nur das taten, was sie für das Beste für Sie hielten? Vielleicht wünschten sie sich, dass Sie einmal erfolgreich werden, und setzten Sie deshalb so heftig unter Druck, Ihr Potenzial zu verwirklichen, weil sie glaubten, dass Sie das auf lange Sicht glücklich machen würde.

Eltern wünschen sich für ihre Kinder oft mehr, als sie selbst erreicht haben, aber sie sprechen das meist nicht offen aus. So kann man ihr Verhalten leicht als lieblos fehldeuten.

Viele Eltern wissen es auch einfach nicht besser – ihr Stand an Kenntnissen, Erfahrung und Mitteln ist nicht unbedingt grenzenlos. Tatsache ist, wir alle machen Fehler, das ist nur menschlich.

Wenn wir akzeptieren, dass niemand perfekt ist, können wir unsere Gefühle darüber ein wenig besser entwirren. Wir können sogar lernen, über uns selbst zu lachen, aber nicht spöttisch und abwertend, sondern mitfühlend, etwa so: »So habe ich mal gedacht oder gefühlt … das ist doch wohl verrückt, oder? Hahaha!«

Unsere Verantwortung als Eltern

Sobald Sie verstanden haben, wo die Wurzeln Ihres Selbstwertgefühls liegen, können Sie Ihre eigenen Kinder sehr wirksam ermächtigen. Entscheiden Sie sich dafür! Ob als Eltern, Lehrer, Bezugsperson, Tante, Onkel, Familienfreund oder Nachbar, Sie haben mit Sicherheit Einfluss auf das Selbstbewusstsein der Kinder in Ihrer Umgebung.

Wir alle, ob Eltern, Lehrer oder Angehörige, können und sollten versuchen, das Selbstbewusstsein von Kindern in unserem Umfeld zu stärken.

- ❖ Wenn wir sie ständig kritisieren, lernen sie, sich selbst und andere zu kritisieren.
- ❖ Wenn wir sie beschämen, lernen sie, sich zurückzuziehen und ängstlich zu sein.
- ❖ Wenn wir ihnen dagegen Akzeptanz und Verständnis vorleben, lernen sie, sich selbst und andere zu akzeptieren und zu respektieren.
- ❖ Wenn wir Kindern zeigen, wie man dankbar ist, dann lernen sie, sich und andere zu schätzen.
- ❖ Wenn wir ihnen mit Ehrlichkeit begegnen, dann lernen sie, ehrlich zu sich selbst und gerecht gegenüber anderen zu sein.
- ❖ Wenn wir mit ihnen teilen, lernen sie, großzügig und wohlwollend zu sein.
- ❖ Wenn wir wertschätzend, verlässlich und liebevoll mit ihnen umgehen, lernen sie, sich an andere zu binden und Beziehungen einzugehen.
- ❖ Und wenn wir ihnen vermitteln, dass sie gut genug sind, dann lernen sie, dass sie eben gut genug sind, und haben ein gutes Leben vor sich!

• • • • • • • • • • • •

Zusammengefasst heißt das … Wir lernen es, uns selbst gering einzuschätzen. Oft geschieht dies, indem wir beschämt oder kritisiert werden oder indem wir ein niedriges Selbstwertgefühl vorgelebt bekommen.

Natürlich haben die meisten Eltern nicht die geringste Absicht, ihren Kindern das Selbstwertgefühl zu rauben. Sie haben in der Regel ihr Elternverhalten von den eigenen Eltern übernommen und diese von ihren und so weiter. Die meisten Eltern wollen für ihre Kinder nur das Beste, und es hilft uns im Leben weiterzukommen, wenn uns das bewusst ist.

Hat es nun Vorteile, wenn wir begreifen, dass ein Mangel an Selbstliebe erlernt wurde? Ja, denn wir gelangen dann ganz natürlich zu der Schlussfolgerung, nicht so auf die Welt gekommen zu sein. Wenn wir das Gefühl haben, es nicht wert zu sein, Liebe, Glück, Geld, Freundschaften, Erfolg und alles andere zu erreichen, was das Leben zu bieten hat, dann liegt das einfach nur an dem, was wir gelernt haben. Diese Erkenntnis wirkt wie ein Zauber, denn wenn das alles erlernt ist, dann lässt es sich auch wieder verlernen.

Lesen Sie weiter, wie das funktioniert ...

3. Kapitel

Wie Sie durch Körperarbeit Ihre Gefühle verändern

»Unser Körper kann die Psyche verändern.«
AMY CUDDY

Ich weiß noch, wie ich als Kind in der Schule ein Liedchen lernte, das, wie ich später erfuhr, aus dem Musical *Der König und ich* stammte. Es ging darum, dass man sich einreden kann, tapfer zu sein, auch wenn man große Angst hat: »Tu einfach so, bis es von selbst klappt« – »Fake it till you make it«.

Wenn wir glücklich sind, ist uns das meistens deutlich am Gesicht abzulesen. Glück drückt sich auch in der Körpersprache aus, in der Haltung, der Art, wie wir gehen, stehen, sitzen oder atmen. Das Gleiche gilt aber auch, wenn wir traurig oder gestresst sind. Gesicht und Körper vermitteln das ebenso eindeutig.

Das dürfte im Grunde jedem bekannt sein, aber nur wenige wissen, dass das genauso auch andersherum gilt. So, wie unsere Psyche unseren Körper beeinflusst, beeinflusst der Körper die Psyche.

Wir haben eine Menge Kenntnisse durch die Beobachtung des Verhaltens von Tieren erlangt. Dass ein Hund ängstlich ist, erkennt man daran, dass er den Schwanz zwischen die Hinterbeine einzieht. Wenn man nun seinen Schwanz anhebt, bessert sich tatsächlich das Selbstvertrauen des Hundes.

Wir können also ganz bewusst den Körper einsetzen, um zu ändern, wie wir uns fühlen. Meiner Erfahrung nach ist es die schnellste Methode, die jeweilige Stimmung in einer Situation zu verändern.

Das gelingt, weil Körper und Seele eng miteinander verbunden sind. Die meisten Menschen halten eine Emotion bloß für ein Gefühl, aber wussten Sie, dass Emotionen sich über den gesamten Körper ausbreiten?

Die vier Komponenten einer Emotion

Die folgende Zeichnung veranschaulicht, was ich die 4-Komponenten-Emotion nenne (4KE).

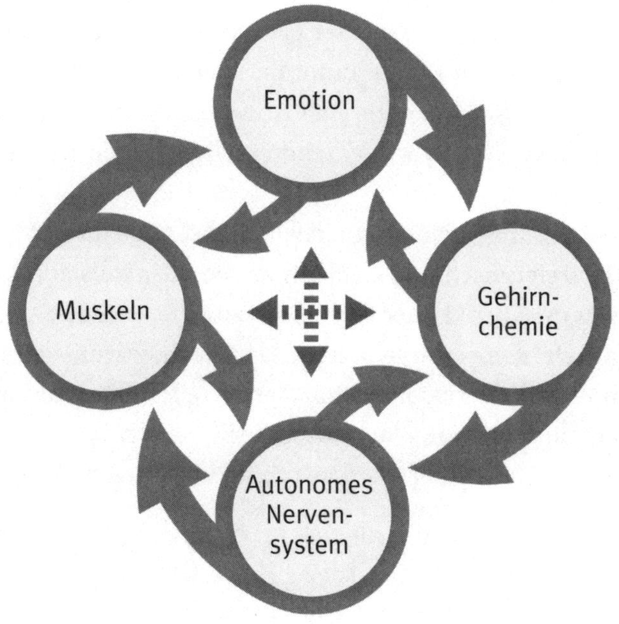

1. Emotion

Die erste Komponente ist, nun ja, eben die Emotion.

2. Gehirnchemie

Eine Emotion ist mit der für sie spezifischen Gehirnchemie verbunden. Das bedeutet grundsätzlich, dass unser Gehirn, wenn wir fröhlich sind, Serotonin, Dopamin und manchmal auch endogene Opiate produziert, die hirneigenen Versionen von Morphium und Heroin. Das sind alles Glückshormone. Wenn wir glücklich sind, produzieren wir glücksbringende Stoffe.

3. Das autonome Nervensystem

Das autonome Nervensystem (ANS), auch vegetatives Nervensystem genannt, läuft ohne bewusste Steuerung ab und reguliert Herzschlag, Atmung, Blutdruck, Verdauung, Stoffwechsel, Schweißabsonderung, Sexualorgane und die Augenmuskeln. Seine Arbeit realisieren wir nur dann, wenn wir starke Emotionen verspüren. Das bedeutet grundsätzlich, dass Haut und Organe von selbst auf diese Emotion reagieren. Daher bekommen wir Schweißhände, wenn wir Angst haben, und fängt unser Puls an zu rasen, wenn wir jemanden sehen, in den wir verliebt sind.

Ich benutze bei meinen Vorträgen manchmal einen Herzmonitor. Der zeigt rasch und deutlich an, wie der Puls auf das reagiert, was man denkt oder fühlt. Die Tatsache, dass das ANS mit unseren Gefühlen verbunden ist, erklärt auch, warum seelischer oder emotionaler Stress sich oft in Herz-Kreislauf-Erkrankungen ausdrückt und ständige Wut und Aggressivität dafür sorgen, dass die Arterien sich verhärten, was schließlich zu Arteriosklerose führt.

4. Die Muskeln

Emotionen sind darüber hinaus mit den Muskeln verbunden. Wir lächeln beispielsweise nicht, weil wir glücklich sind und meinen, das auf diese Weise ausdrücken zu müssen. Unser Lächeln ist eher ein Reflex, der aufgrund der Tatsache, dass unsere Emotionen mit den Gesichtsmuskeln in Verbindung stehen, ausgelöst wird.

Alles hängt zusammen

Die Pfeile in der Zeichnung gehen in alle Richtungen – das heißt, sie sind umkehrbar. Genau wie eine Emotion Einfluss auf die Gesichtsmuskeln und die Körpersprache hat, haben die Gesichtsmuskeln und die Körperhaltung Einfluss auf die Emotion.

Emotionen beeinflussen nicht bloß den Pulsschlag, sondern die Veränderung des Herzrhythmus beeinflusst auch, wie wir uns fühlen. Ein rasender Puls macht uns ängstlich, ein ruhiger Herzschlag friedlich. Das ist zum Beispiel die Strategie der Betablocker, die den Herzrhythmus stabilisieren. Wenn wir das autonome Nervensystem trainieren, können wir positive Emotionen erzeugen.

Die Veränderungen in der Gehirnchemie können ebenfalls Emotionen beeinflussen, und das Gleiche gilt umgekehrt. Das ganze pharmazeutische Behandlungskonzept stützt sich auf diese Beobachtung. Steigt das Serotonin einer Person durch ein verabreichtes Antidepressivum, fühlt sie sich beispielsweise wohler.

Die häufigste Strategie bei der Behandlung von Depressionen ist es also, durch Medikamente Einfluss auf die Gehirnchemie zu nehmen. Es gibt jedoch zahlreiche weitere Möglichkeiten, wie sich Depressionen lindern lassen. Manche Patienten schwören auf eine bestimmte Ernährung. Auch diese beeinflusst die Gehirnchemie und daher unsere Emotionen. Manche meinen, regelmäßige Meditation helfe am besten, andere sind der Überzeugung, unterdrückte Gefühle auszuagieren wirke am meisten, und wiederum andere sagen, dass es einzig und allein darum geht, einen Sinn im Leben zu finden. Bei all diesen Ansätzen wird das

ANS entspannt, und dies hat eine positive Wirkung auf die Gefühle. Dabei wird deutlich: Emotionen sind sprichwörtlich *im ganzen Körper verteilt.*

Wir können also bestimmen, wie wir uns fühlen, indem wir 1) unseren Verstand benutzen, 2) Nahrungsmittel zu uns nehmen oder Medikamente einnehmen, die die Gehirnchemie beeinflussen, 3) durch Meditation das Nervensystem beruhigen oder 4) den Körper so bewegen, dass er spiegelt, was wir fühlen wollen. All das klappt. Aber die schnellste dieser Methoden, jederzeit ein Gefühl zu verändern, die einfachste Art, auch langfristig Veränderungen herbeizuführen, besteht darin, den Körper einzusetzen.

Würden wir uns beispielsweise gestresst fühlen wollen, müssten wir uns lediglich ein paar Minuten lang ruckhaft bewegen und schneller sprechen. Wir könnten das noch beschleunigen, indem wir flacher atmen.

Das ist großartig! Warum? Weil es beweist, dass unsere Körperbewegungen diejenigen Gefühle produzieren können, die wir uns wünschen.

Wenn wir uns also glücklich fühlen möchten, können wir uns so bewegen, dass der Körper ausdrückt: »Ich fühle mich wohl!« Und siehe da: Wir fühlen uns wohl und glücklich!

Aber kann das wirklich so einfach sein? Sicher würde das doch jeder so machen, wenn es stimmte?

Das Problem ist, dass kaum jemand darüber Bescheid weiß. Es ist als Tatsache wenig verbreitet. Sie haben vermutlich vorher auch noch nie davon gehört, es sei denn, Sie studieren Neurobiologie oder haben einen der neueren populärwissenschaftlichen Ratgeber gelesen. Ich staune immer wieder, wenn ich vor einem gebildeten Publikum darüber rede und alle überrascht die Augen aufreißen. Es ist fast für jeden eine völlig neue Information.

Ein paar clevere Therapeuten schlagen ihren Klienten allerdings schon vor, »so zu tun, als ob«, bis sich das erwünschte Gefühl tatsächlich einstellt. Der amerikanische »Lachdoktor« Clifford C. Kuhn gehört dazu. Er fordert seine depressiven Patienten auf, ganz bewusst zu lachen und zu lächeln, und behauptet, dass diejenigen, die diese Übung machen, eine Verbesserung ihrer Stimmung und ein Nachlassen der Symptome erleben – und zwar fast unmittelbar.

Diese Phänomene beruhen auf solider Forschung. Wissenschaftler an der Universität von Alaska in Anchorage veranlassten die Teilnehmer in einer Studie, Fotos von Menschen zu betrachten, die entweder lächelten oder die Stirn runzelten. Die eine Hälfte sollte die Fotos bloß betrachten, die andere wurde aufgefordert, entweder das Lächeln oder das Runzeln der Stirn nachzuahmen. Unmittelbar danach wurden die Teilnehmer nach ihrer Stimmung befragt. Diejenigen, die das Lächeln nachgeahmt hatten, fühlten sich allesamt besser. Denjenigen, die sich für das Stirnrunzeln entschieden hatten, ging es weniger gut als vorher. Diejenigen, die die Fotos bloß betrachtet hatten, zeigten keinerlei Stimmungsveränderung. Interessanterweise waren die Ergebnisse noch eindeutiger, wenn die Teilnehmer die Gesichtsausdrücke nachahmten und sich dabei im Spiegel beobachteten.[1]

In diesen Fällen wurde die positive Stimmung durch die Bewegung der Gesichtsmuskeln erzeugt, die das Gehirn erkannte und mit Glück in Verbindung setzte. Die Bewegung anderer Körperteile ruft ebenfalls diese Wirkung hervor. Wenn man etwa beim Gehen die Arme fröhlich schwingen lässt, hebt sich die Stimmung, während sie bei einer geduckten Haltung mit Blick auf den Boden deutlich abfällt.

Falls sie in der Vergangenheit erfolglos versucht haben, Ihre Selbstliebe zu steigern oder Ihre Stimmung zu verbessern, könnte das daran liegen, dass Sie den Körper nicht mit dem in Einklang brachten, was Sie im Kopf wollten. Nun, da Sie Ihrem Körper mehr Aufmerksamkeit schenken, werden Sie vermutlich realisieren, dass Sie sich bisher keineswegs auf eine Weise bewegt haben, die glücklich sein ausdrückt. Sie bemerken vielleicht, dass Ihre Gesichtsmuskeln und Ihre Kinnpartie verkrampft sind. Vielleicht ziehen Sie die Schultern gewohnheitsmäßig hoch. Vielleicht ertappen Sie sich auch dabei, dass Sie sehr flach atmen. Auf all diese Weise drückt Ihr Körper Stress, bedrückte Stimmung, geringes Selbstwertgefühl oder wenig Selbstbewusstsein aus.

Ohne die entsprechende Körperhaltung wird daher auch die beste mentale Übung langfristig nichts bewirken, da wir ohne sie schnell zurück in die gleiche Stimmungslage wie zuvor fallen können.

So tun als ob ...: Die Harvard-Powerhaltung

Schon Charles Darwin nahm 1872 an, dass das Fördern oder Hemmen eines Emotionsausdrucks die Intensität der gefühlten Emotion beeinflussen würde.

Lächeln ist ein wichtiger Teil des Lach-Yoga. Probieren Sie es einfach mal aus: Holen Sie tief Luft, verziehen Sie das Gesicht zu einem strahlenden Lächeln, dann atmen Sie aus und kichern dabei ein wenig. Das senkt den Blutdruck (ANS) und produziert Serotonin, Dopamin und Endorphine (die Glückshormone) im Gehirn. Sie werden sich dadurch gleich besser fühlen. Schlicht gesagt, produziert ein fröhliches Gesicht Glück bringende Stoffe im Gehirn.

William James erweiterte Darwins Theorie und stellte die Hypothese auf, der zufolge die Gesichtsmuskeln tatsächlich Feedback ans Gehirn über den emotionalen Zustand, der mit diesen bestimmten Muskelbewegungen verbunden wird, liefern. Der

Einsatz der Gesichtsmuskeln, um die Emotionen zu beeinflussen, ist als Gesichts-Feedback-Hypothese bekannt.

1990 bewies der Psychologe Paul Eckmann, dass Lächeln oder eine Grimasse tatsächlich im gesamten ANS Veränderungen hervorrufen. Wenn er seine Probanden aufforderte zu lächeln oder ein Gesicht zu ziehen, stellte er Veränderungen in deren Puls und der Hautspannung fest. Wenn sie lächelten, beruhigte sich der Puls, und auch die Hautspannung sank.[2]

Dies ist alles sehr wichtig für das Selbstwertgefühl bzw. die Selbstliebe. Wenn man das Gefühl hat, nicht gut genug zu sein, verbreitet sich dieses Gefühl im gesamten Körper. Es lagert sich in der Gehirnchemie ab, im autonomen Nervensystem und in den Muskeln. Und was wäre, wenn man nun so tut, als wäre man gut genug? Wenn man sich im gesamten Körper gut genug fühlen würde?

In den kleinen Experimenten, die ich bei meinen Workshops manchmal vorschlage, stellen die Teilnehmer tatsächlich nach wenigen Minuten eine echte Veränderung fest. Zunächst fordere ich sie auf, eine Körperhaltung einzunehmen, die das »Nicht-gut-genug-Sein« ausdrückt. Die meisten senken dann den Kopf und blicken zu Boden, ihr Gesichtsausdruck ist in sich gekehrt, ernst oder traurig. Manche treten von einem Fuß auf den anderen oder machen kleine, eher mechanische Schritte, als müssten sie sich aufs Gehen konzentrieren. Die meisten verspannen den Oberkörper. Nach wenigen Minuten berichten fast alle, dass sie sich weniger positiv fühlen als vor Beginn der Übung.

Dann bitte ich sie, rasch die Körperhaltung so zu verändern, dass sie damit ein »gut genug« ausdrücken. Man kann dann unmittelbare und deutliche Veränderungen in der Körperhaltung erkennen. Manche wirken so, als seien sie zehn Zentimeter gewachsen, weil sie nun gerade und aufrecht stehen. Ihre Bewegungen sind flüssiger und lockerer. Die Mienen wirken entspannt, gelassen und glücklich. Der Kopf wird entspannt von den Schultern getragen, der Blick ist offen und geradeaus gerichtet.

Trotz all dieser offenkundigen körperlichen Veränderungen bemerken die Teilnehmer am stärksten die Verwandlung ihres Gefühlszustands. Die meisten fühlen sich in weniger als 20 Sekunden positiver und entspannter. Viele berichten, sie empfänden sich als selbstbewusster und selbstsicherer. Einige erleben eine überwältigende Erkenntnis: erstens, dass »nicht gut genug« tatsächlich die Weise ist, wie sie sich gewöhnlich ausdrücken, und zweitens, dass sie nun eine Methode kennen, die dies sehr schnell verändert.

Interessante neuere Forschungen vertiefen das Verständnis dafür, wie dies funktioniert. Bei Vergleichen zwischen Primaten und Menschen bemerkte die Harvard-Professorin Amy Cuddy, dass beide, wenn sie sich stark fühlen, den Körper größer erscheinen lassen. Menschen tun dies, indem sie sich sehr aufrecht halten, Primaten heben die Arme über den Kopf, wodurch sie mehr Raum einnehmen.

Wenn Menschen nervös sind, etwa vor einem Vortrag oder einem Vorstellungsgespräch, versinken viele geradezu in ihrem Sessel. Sie rollen sich irgendwie zusammen, verschränken die Arme und ziehen die Schultern hoch. Heutzutage beugen sich viele auch über ihr Handy und werden dadurch tatsächlich kleiner.

Cuddy erklärt, dass Menschen, die sich größer machen, indem sie eine selbstbewusste »Power«-Haltung einnehmen, auch beeinflussen, wie sie sich innerlich fühlen. Sie schreibt dazu:

»Bei menschlichen und nichtmenschlichen Primaten spiegelt eine expansive, offene Körperhaltung Macht, während eine geschlossene, in sich gezogene Haltung einen niedrigen Machtstatus verrät. Diese Körperhaltungen spiegeln nicht bloß Stärke, sondern *produzieren diese auch.*«[3]

Der letzte Satz ist der wichtigste. Ich wiederhole:

»Diese Körperhaltungen spiegeln nicht bloß Stärke, sondern produzieren diese auch.«

Professorin Cuddy forderte die Teilnehmer eines Versuchs auf, zwei Minuten lang eine »Power«-Haltung einzunehmen, und maß vorher und anschließend den Kortisol- und Testosterongehalt in deren Speichel.

Nach bloß zwei Minuten wiesen die Speichelproben derjenigen in »Power«-Haltung eine 25-prozentige Reduzierung von Kortisol auf (= weniger Stress) und eine Zunahme an Testosteron (= mehr Selbstbewusstsein). Bei denjenigen, die eine schwache Haltung einnahmen, das heißt, wenn sie sich kleiner und schwächer erscheinen ließen, veränderten sich diese Stoffe in die entgegengesetzte Richtung: eine 15-prozentige Zunahme an Kortisol (= mehr Stress) und 10 Prozent weniger Testosteron (= weniger Selbstbewusstsein).[4]

Fazit:

Die »Power«-Haltung erzeugt Selbstbewusstsein.
Eine schwache Körperhaltung erzeugt Unsicherheit.

Das Experiment bewies, dass die Körperhaltung direkten Einfluss auf die Körperchemie hat.

Sie beeinflusste auch, wie die Teilnehmer sich fühlten, und nun kann man verstehen, warum – weil die Körperhaltung und die Körperchemie die Gefühle beeinflussen. Die Teilnehmer, die die »Power«-Haltung eingenommen hatten, gaben auch an, sich stark und selbstwirksam zu fühlen. Als Cuddy und ihre Kollegen sie aufforderten, sich an einem Spiel zu beteiligen, erwiesen sie sich als selbstbewusster und risikofreudiger als diejenigen Probanden, die sich in einer schwächeren Haltung ausgedrückt hatten.

Die Teilnehmer bekamen je zwei Dollar und wurden zu einem Würfelspiel eingeladen, bei dem die Chance 50:50 stand, ihr

Geld zu verdoppeln oder alles zu verlieren. 86 Prozent der Power-Gruppe gingen dieses Risiko ein, aber nur 60 Prozent aus der Gruppe, die die schwache Körperhaltung eingenommen hatte.[5] Die bewusst eingenommene Körperhaltung veränderte also Körperchemie und Verhalten, und das innerhalb von zwei Minuten!

Wenn Sie wissen wollen, wie eine solche »Power«-Haltung aussieht, stellen Sie sich *Wonder Woman* oder *Superman* vor: Ihre Füße stehen hüftbreit auseinander. Richten Sie Ihren Rücken auf und ziehen Sie die Schultern leicht zurück. Heben Sie das Kinn ein wenig an und richten Sie Ihren Blick geradeaus. Die Hände können Sie seitlich auf die Hüften stützen. All dies drückt aus: »Ich *bin* gut genug!«

Tatsächlich: Unsere Körperhaltung bestimmt, wie wir funktionieren

Cuddy forschte weiter und untersuchte in einem anderen Experiment, wie die »Power«-Haltung die Teilnehmer beeinflusste, wenn sie kurz davorstanden, einen Vortrag zu halten – ein Vorhaben, das die meisten Menschen nervös macht.[6] Würden zwei Minuten »Power«-Haltung beeinflussen können, wie jemand sich später tatsächlich verhält?

Die eine Hälfte der Teilnehmer nahm zwei Minuten lang die »Power«-Haltung ein, ehe sie einen kurzen Vortrag hielt, während die andere Hälfte vorher bewusst eine Position der Schwäche einnahm – was wohl unbewusst die meisten Menschen in dieser Situation tun und so verraten, dass sie nervös oder wenig selbstbewusst sind.

Die Vorträge wurden von einem Gremium beurteilt, das unter anderem über flüssige Redeweise, Stimmlage, Zögern, Pausen, Fehler usw. befand. Dieses Gremium wusste nicht, welche Körperhaltung die Teilnehmer zuvor eingenommen hatten. Sie stuften die Vorträge derjenigen mit der vorhergehenden »Power«-Haltung als wesentlich besser ein als die mit der »Schwäche«-Haltung. Und tatsächlich hatten die »Power«-Haltung-Probanden flüssiger gesprochen und sich weniger oft ihrer Notizen bedient, während die Schwäche-Haltung-Probanden öfter gestottert und mehr vom Blatt abgelesen hatten.

Die Jury wurde auch gefragt, welche Teilnehmer sie einstellen würden, wenn die Präsentationen Teil eines Vorstellungsprozesses gewesen wären. Ihre Wahl fiel in jedem Fall auf diejenigen, die vorher eine »Power«-Haltung eingenommen hatten.

Bei meinen Vorträgen und Workshops über Selbstliebe freue ich mich immer auf den Moment, wenn ich das Publikum auffordere, zwei Minuten lang eine »Power«-Haltung einzunehmen. Ich kontrolliere die Zeitspanne ganz genau. Es ist überraschend, wie lange sich zwei Minuten anfühlen, wenn man in einem Raum voller schweigender Menschen in »Power«-Haltung steht. Es macht aber auch eine Menge Spaß und löst jedes Mal viel Gelächter aus.

Überlegen Sie, wie anders Ihre tagtäglichen Interaktionen aussähen, wenn Sie die »Power«-Haltung ein wenig üben würden!

Ein paar Wochen nachdem ich bei einer Konferenz in einem Vortrag die »Power«-Haltung vorgestellt hatte, bekam ich folgende E-Mail: »Ich möchte mich bei Ihnen nur rasch für die Power-Haltung bedanken, die ich wenige Tage nach Ihrem Vortrag bei einem Vorstellungsgespräch einsetzen konnte … als ich vor der nächsten Runde neben meinem Auto in der Coventry Arena wieder so breitbeinig dastand, fühlte ich mich allerdings ziemlich blöd, sodass ich die Haltung vor dem zweiten Gespräch schließlich einfach im Kopf simulierte. Doch es hatte die gleiche Wirkung. Man hat mir die Stelle angeboten.«

Weitere Studien haben ebenfalls bestätigt, dass die Körperhaltung beeinflusst, wie wir uns fühlen. 2014 untersuchten dies

Wissenschaftler an der Universität von Auckland, Neuseeland. Sie baten 74 Teilnehmer, sich aufrecht oder zusammengesunken hinzusetzen. Dann wurde die Position mit speziellen Tapes fixiert, sodass die Haltung der Teilnehmer konstant blieb. Als Nächstes gab man ihnen die Aufgabe, ein Gremium davon zu überzeugen, der beste Kandidat für einen fiktiven Traumjob zu sein. Dafür bekamen sie lediglich fünf Minuten Vorbereitungszeit. Diejenigen, die in einer aufrechten Haltung saßen, fühlten sich nicht nur selbstbewusster und weniger ängstlich als diejenigen, die in sich zusammengesunken dahockten, sondern nutzten auch eine positivere Wortwahl als die in sich zusammengesunkenen Probanden, sodass sie überzeugender wirkten.[7]

Verankern Sie die Haltung, gut genug zu sein

Unsere Muskeln, Haltung, Körpersprache, Atmung, unser Herzschlag und viele andere physiologische Faktoren beeinflussen nicht nur die Körperchemie, sondern auch die Nervenverbindungen im Gehirn. Kontinuierliche bewusste Veränderungen, zum Beispiel in der Art zu atmen, verankern diese darüber hinaus auch im gesamten neurologischen Netzwerk. Menschen, die beispielsweise regelmäßig meditieren, haben mehr Nervenverbindungen in den Frontallappen des Gehirns oberhalb der Augen, einem Bereich, den wir den präfrontalen Cortex nennen. Dieser verdickt sich *aufgrund* der meditativen Übungen.

Die meisten Menschen verändern ihre Körperhaltung nur nach einer Verletzung, wenn der Physiotherapeut, Osteopath oder Chiropraktiker ihnen rät, anders zu stehen oder zu gehen. Daher verändert sich das neuronale Netzwerk nur selten. Doch wenn wir anders stehen oder gehen – sagen wir, wenn die Haltung sich von »nicht gut genug« zu »gut genug« verändert, dann verändert sich auch das Netzwerk im Gehirn, um das zu spiegeln.

Aber warum ist diese Veränderung der Nervenverbindungen im Gehirn so wichtig? Weil wir dann nicht mehr so oft bewusst an das neue Verhalten zu denken brauchen. Durch die feste Verankerung wird es selbstverständlich, es erfolgt automatisch. Das Gefühl, gut genug zu sein, wird zu unserer zweiten Natur.

Dies alles kann nur aufgrund der neuronalen Plastizität des Gehirns stattfinden. Es bedeutet, dass es sich ständig im Einklang mit dem verändert, wie wir uns bewegen, was wir lernen und was wir denken. Ich habe die Verdickung des präfrontalen Cortex aufgrund von Meditation schon erwähnt. Häufiges Üben und Training sind hier die Schlüsselworte. Das Gehirn ändert sich nicht von selbst, sondern durch die Dinge, die wir *regelmäßig wiederholen,*.

Wenn wir also lernen, auf eine Weise zu stehen, zu gehen und uns zu verhalten, die ausdrückt: »Ich bin gut genug«, dann beginnt der neuronale Schaltkreis im Gehirn sich ebenfalls zu verändern. Über kurz oder lang verankert sich die Haltung: »Ich bin gut genug«, und was als Übung begann, bei der man sich stets erinnern musste, wie man steht und geht und sich verhält, wird allmählich zur Gewohnheit. Es wird mühelos, denn das Gehirn hat sich verändert. Mit dieser mühelosen neuen Gewohnheit beginnt die Verbindung, die ausdrückt: »Ich bin *nicht* gut genug«, sich aufzulösen und verschwindet allmählich.

Einfach indem wir eine andere Körperhaltung einnehmen, können wir tatsächlich einen neuen neurologischen Zustand und eine damit verbundene Emotion in Gehirn und Körper verankern.

FITNESSTRAINING FÜR SELBSTLIEBE: *Die Haltung »Ich bin gut genug«*

Okay, das wollen wir jetzt üben. Veränderungen im Gehirn entstehen aufgrund von wiederholter Übung und nicht aufgrund dessen, dass man etwas einmal ausprobiert und denkt: »Na gut, jetzt weiß ich, wie das geht«, und dann nichts weiter unternimmt (was auf viele Leute zutrifft).

- ❖ Experimentieren Sie mit der Körperhaltung, der Atmung und Ihren Gesichtsausdrücken, bis Sie ein Gefühl bekommen, wie Sie »ich bin gut genug« am besten ausdrücken können. Das kann die Haltung von *Wonder Woman* oder *Superman* sein, vielleicht aber auch eine entspannte Haltung mit geradem Rücken, entspannter Schulterpartie und locker herabfallenden Händen oder lässig im Stuhl zurückgelehnt, die Hände hinter dem Kopf verschränkt und dabei lächelnd. Suchen Sie eine Haltung, die sich für Sie richtig anfühlt.

- ❖ Experimentieren Sie auch damit, wie Sie sprechen: Das »Ich bin gut genug« sollte sich in der Stimmlage ausdrücken, in Tempo und Kontrolle Ihrer Sprechweise.

- ❖ Experimentieren Sie auch mit Ihrem Gang. Eine gute Methode dabei ist, sich eine powervolle Affirmation vorzusagen und diese dann durch die Bewegung auszudrücken. Als ich das zum ersten Mal ausprobierte, war ich gerade einem aggressiven Menschen begegnet. Die Affirmation, die ich für mich auswählte, war: »Heute liebe ich mich mehr als je zuvor. Ich habe ausschließlich positive Interaktionen mit anderen und verhalte mich selbstbewusst und stolz.« Diese Affirmation drückte ich beim Gehen mit dem gesamten Körper aus. Ich strahlte sie mit meinen Gesichtszügen, meinen Schultern und meiner Atmung aus. Die Wirkung war ungeheuer und vollzog sich sehr rasch. Eine Affirmation wirkt noch stärker, wenn die Körperhaltung hilft, sie im Gehirn zu verankern.

Wenn Sie die passende Körperhaltung für sich gefunden haben, folgen die nächsten Schritte:

- Achten Sie in den folgenden Tagen auf Ihre Körpersprache und üben Sie, die Gefühle zu verändern, indem Sie Ihre Haltung verändern, wie Sie gehen, stehen, sitzen, atmen, was Sie mit Kopf, Schultern, Brustkorb usw. anfangen. Je öfter Sie es ausprobieren, umso leichter wird es und umso schneller klappt es.

- Üben Sie die »Ich bin gut genug«-Haltung, sooft Sie können.

- Wählen Sie eine bestimmte Situation aus, in der Sie gewöhnlich ein geringes Selbstbewusstsein empfinden. Fühlen Sie sich in einer bestimmten gesellschaftlichen oder beruflichen Situation besonders befangen? Verhalten Sie sich bestimmten Menschen gegenüber unterwürfig und geben damit praktisch Ihre persönliche Macht auf? Egal in welcher Situation, nehmen Sie vorher die »Ich bin gut genug«-Haltung ein und behalten Sie diese konstant bei. Achten Sie dabei auf Ihre Gefühle. Notieren Sie alle Abweichungen von Ihrem üblichen Verhalten.

- **Jedes Mal, wenn Sie sich nicht gut genug fühlen, nehmen Sie die »Ich bin gut genug«-Haltung ein. Je häufiger Sie dies üben, umso besser gelingt es Ihnen. Denn mit jedem Mal verankern Sie diese wohltuende neue Haltung im Gehirn.**

Lieben Sie Ihr Selfie

Selfies sind heutzutage nicht mehr wegzudenken. Ich selbst mache regelmäßig welche. Dabei setze ich jedes Mal ein strahlendes Lächeln auf; es sieht immer so aus, als ging es mir in dem Moment besonders gut. Bei einem Selfie nehmen wir immer automatisch eine bestimmte Haltung ein, ein automatisches Lächeln oder eine Geste, die vermittelt, dass es uns nie besser ging. Doch stimmt das?

Wie Sie wissen, bin ich fest von der »Fake it ´til you make it«-Methode überzeugt: Doch das »So tun als ob« muss absichtlich erfolgen und in der Erkenntnis geschehen, dass es tatsächlich die erwünschten Gefühle herbeiführen wird.

Es ist jedoch auch in Ordnung, wenn Sie mal einen schlechten Tag haben und die »Gut genug«-Haltung nicht einnehmen wollen. Es ist auch okay, manchmal ein wenig traurig zu sein. Zuweilen ist das sogar nötig und kann zu Einsichten über etwas führen, was im Leben schiefläuft oder einfach schmerzlich ist. Manchmal kann es einen veranlassen, sich besser um sich selbst zu kümmern. Es ist völlig in Ordnung, sich treu zu sein, egal, wie man sich fühlt. Das ist ein wichtiger Bestandteil der Selbstliebe. Wenn dies Glücklichsein heißt, gut. Wenn es bedeutet, eine Zeit lang traurig zu sein, auch gut.

Lieben Sie Ihr Selfie, wie auch immer!

• • • • • • • • • • • •

Zusammengefasst heißt das ... Die meisten Menschen verstehen, dass unsere Gefühle den Körper beeinflussen. Wenn wir emotional angespannt sind, verspannt sich auch der Körper. Wenn wir glücklich sind, entspannt sich das Gesicht, wir lächeln und die Atmung wird regelmäßiger.

Doch das Gleiche gilt auch umgekehrt. Ein verspannter Körper kann bewirken, dass wir emotional verspannt werden, während die Entspannung der Gesichtszüge, Lächeln und regelmäßiger Atem uns glücklicher machen. Untersuchungen an der Harvard Universität haben ergeben, dass nur zwei Minuten in einer bewussten Körperhaltung die Körperchemie und das Selbstbewusstsein beeinflussen.

Wenn sich also ein niedriges Selbstbewusstsein im gesamten Körper spiegelt, indem man sich klein macht, zu Boden blickt oder die Schultern verspannt, kann man gesündere Selbstwertgefühle kultivieren, indem man eine Power-Haltung einnimmt, die Selbstbewusstsein ausdrückt.

4. Kapitel

Die Kraft der Visualisierung

»Sieh die Dinge, wie du sie gerne hättest,
und nicht so, wie sie sind.«
Robert Collier, amerikanischer Autor

Als Oscar sieben Monate alt war, sprang er auf der Straße vor unserem Haus einen Mann an und beschmutzte dessen hellgrauen Anzug.

Oscar hatte zuvor im feuchten Boden unseres Gartens herumgebuddelt, und ich hatte ihn danach kurz aus den Augen gelassen. Er ist ein Labrador, und wenn Sie sich ein wenig mit Vierbeinern auskennen, dann wissen Sie, dass diese Hunde mit allen und jedem aufs Beste befreundet sein wollen. Oscar begrüßt die Leute immer auf seine herzliche Weise: Er legt einem die Vorderpfoten an die Brust, öffnet die Schnauze und lässt die Zunge weit heraushängen.

Dieser Mann war über Oscars Begrüßungsritual aber alles andere als begeistert und schrie mich wütend an.

Das Ganze passierte in den Anfangstagen meines Selbstliebe-Projekts, und ich reagierte auf die Situation auch nicht sonderlich gut. In diesem Augenblick bin ich nämlich kein erwachsener Mann von 42 Jahren mehr gewesen, sondern ein kleiner Junge, der von seinem Lehrer ausgeschimpft wurde.

Wäre das Leben nicht wunderbar, wenn man jedes Mal, wenn man etwas nicht so gut hinbekommen hat, eine zweite Chance bekäme? Wie fantastisch wäre es, wenn ich zu dem Mann hätte sagen können: »Alles klar, aber können wir bitte noch mal von vorn anfangen? Ich finde, ich bin vorhin nicht selbstbewusst genug aufgetreten, daher bitte ich Sie, jetzt einen Schritt zurückzutreten. Ich bringe Oscar dazu, Sie noch mal anzuspringen, und dann schreien Sie mich genauso an wie gerade eben. Mal sehen, ob ich mich diesmal wie ein erwachsener Mann verhalten kann. Herzlichen Dank im Voraus für Ihre Mithilfe!«

Dann sagt er Ja, und wir fangen noch mal von vorn an. Ich halte mich jetzt ein wenig besser und bitte ihn, es ein weiteres Mal zu versuchen. Er willigt ein, und wir legen wieder los … schließlich üben wir es zehnmal hintereinander. Dann schütteln wir einander die Hand. Oscar springt an dem Mann hoch, um sich zu verabschieden, wir beide lächeln uns kurz an und dann geht jeder seiner Wege.

Wäre das Leben nicht toll, wenn das möglich wäre? Aber in gewisser Weise kann es so sein. Zumindest im Kopf. Das Beste daran ist, dass unser Gehirn nicht unterscheiden kann, ob etwas in Wirklichkeit passiert oder wir es uns nur vorstellen.

Jawohl. Unser Verstand kann die Wirklichkeit nicht von der Fantasie unterscheiden. Wir können eine Situation immer und immer wieder neu im Kopf wiederholen, und für unser Gehirn wird es zur Realität – zumindest *für die Nervenverbindungen.* Das ist der Schlüssel: Wenn wir uns vorstellen, gut genug zu sein, dann verändern sich die Nervenverbindungen im Gehirn mit der Zeit so, dass man schließlich ausdrückt: Ich *bin* gut genug.

Die drei Regeln für mentales Training

Bei dieser Technik muss man sich an drei wichtige Dinge erinnern: Wiederholung! Wiederholung! Wiederholung!

Okay, es ist nur ein einziger Faktor, den man im Auge behält, aber der ist immens wichtig: Man muss alles immer und immer wieder tun.

Eigentlich ist es genauso, wie regelmäßig ins Fitnessstudio zu gehen, um die Muskeln aufzubauen oder den Kreislauf zu kräftigen. Noch nie ist jemand nach nur einem einzigen Besuch im Fitnessstudio Olympiasieger geworden.

Mir ist bei Leuten, die Selbsthilferatgeber kaufen, aufgefallen, dass sie stets nach einem Zauberspruch suchen, einer einzigen Erkenntnis, die ihr Leben mühelos auf immer verändert. Doch eine Wirkung auf die Nervenverbindungen im Gehirn und somit eine Veränderung alter Muster lässt sich nur durch konsequente, beständige Wiederholung erzielen.

Hat sich die neuronale Verbindung erst einmal etabliert, denken und verhalten wir uns ganz automatisch in der Haltung des Gut-genug-Seins. Unser Gehirn ist schließlich in einem ständigen Fluss von Veränderungen und Anpassung begriffen, es reagiert in jedem Augenblick auf unsere Gedanken, unsere Bewegungen, darauf, was wir lernen und was wir erleben.

Neuroplastizität

Die meisten Menschen, auch Akademiker und manche Wissenschaftler, sind überzeugt, dass das Gehirn wie eine Festplatte funktioniert. Diese Haltung ist der Grund für die weitverbreitete Überzeugung, dass Veränderungen sehr schwierig umzusetzen sind.

Als Student in den späten Achtzigern und frühen Neunzigern lernte ich, dass das Gehirn in der Kindheit wie ein Teig sei – leicht formbar und leicht zu beeindrucken. Dann, irgendwann in der späteren Jugend, würde dieser Teig in den Ofen geschoben und käme gebacken und mit einer Kruste wieder heraus. Es hieß, nun sei alles festgelegt. Fürs ganze Leben. Jetzt könne man nichts mehr ändern. So, wie man war, so würde man bleiben.

Diese Vorstellung vom Gehirn als einer unveränderbaren Festplatte wurde vor fast 20 Jahren aufgegeben, doch viele Menschen glauben noch immer, dass es so ist. In Wirklichkeit verändert sich unser Gehirn ständig und wird sich bis zu unserem letzten Atemzug weiter verändern, auch wenn wir über 100 Jahre alt werden sollten. Das nennt man Neuroplastizität oder Hirnplastizität.

Zahlreiche wissenschaftliche Studien haben ergeben, dass man sich praktisch alles im Kopf vorstellen kann, und das Gehirn reagiert genau so, als würde man es tatsächlich ausführen. Eine Suche in der *PubMed*-Datenbank von 2014 mit dem Stichwort »mental practice« (mentales Training) ergab über 30 000 Veröffentlichungen.[1] Man kann sich vorstellen, einen Golfschläger zu schwingen, beim Tennis aufzuschlagen, Klavier zu spielen, auf einer Tastatur zu tippen, von einem Sprungbrett abzuheben, Körbe zu werfen, Gewichte zu stemmen und sogar, nach einem Schlaganfall etwa, ein behindertes Glied zu bewegen – und das Gehirn verarbeitet das genau so, als würde man es tatsächlich ausführen.

In meinem Buch *Achte auf deine Gefühle. Wie der Geist den Körper heilt* (Allegria 2012) zitiere ich Forschungsstudien, bei denen das Gehirn von Personen, die eine Melodie auf dem Klavier spielen, mit anderen verglichen wird, die sich nur vorstellen, diese Melodie zu spielen. Nach fünf Tagen täglicher Übung hatten sich die Gehirne von beiden Gruppen identisch verändert, und der Bereich für die Fingermuskeln war durch diese Neuroplastizität etwa 30- bis 40-fach vergrößert. Hielt man die Gehirnscans vergleichend nebeneinander, konnte man nicht erkennen, wer die Noten tatsächlich gespielt und wer sich das nur vorgestellt hatte.[2]

Hierbei handelte es aber nicht um eine Ausnahme. Bei allen Forschungsstudien über Neuroplastizität, die körperliche mit im

Geist vollzogenen Übungen verglichen, wurde das gleiche Ergebnis erzielt. Das Gehirn verändert sich, egal, ob jemand etwas tatsächlich ausführt oder es sich bloß vorstellt. Wie bereits erwähnt, kann das Gehirn nicht zwischen Wirklichkeit und Vorstellung unterscheiden.

Genauso wichtig ist aber die Erkenntnis, dass man etwas vielfach wiederholen muss, damit das Gehirn die Veränderungen erkennt und verankert. Forschungsstudien ergaben, dass die Gehirnregionen, die durch echte oder vorgestellte Praxis gewachsen waren, einfach wieder verkümmern, wenn man diese abbricht. Das Gehirn verhält sich also genau wie Muskeln, die ebenfalls wieder abgebaut werden, wenn man sie nicht mehr benutzt. Neurologen bezeichnen dieses Phänomen als »Use it or lose it« – Was du nicht benutzt, verlierst du.

Ist es Ihnen schon einmal so ergangen, dass Sie vergessen haben, wie man etwas macht? Sagen wir, komplizierte Gleichungen, wie man sie in der Schule gelernt hat? Solche Dinge vergessen wir, weil wir es nicht weiter geübt haben. Die neuronalen Verbindungen im Gehirn, die wir beim Lernen aufgebaut haben, sind geschrumpft oder brachen gänzlich ab.

Auf die gleiche Weise lässt sich tatsächlich vergessen, wie sich ein niedriges Selbstbewusstsein anfühlt. Es klingt vielleicht in diesem Augenblick unmöglich, aber was Ihr Gehirn angeht, brauchen Sie sich einfach nur konsequent mit den Prinzipien und Übungen in diesem Buch zu befassen. Dadurch lösen sich die alten Verbindungen auf, und jedwedes Gefühl von geringem Selbstwert wird seinen Zugriff lockern. Sie vergessen praktisch, wie es ist, sich selbst nicht sonderlich zu lieben.

Fragen Sie sich nun, ob dies tatsächlich so simpel sein kann? Warum versuchen Sie es nicht einfach?

Werden Sie Weltmeister in Selbstliebe

Fantasie besitzt ein großes Machtpotenzial! Top-Sportler wissen schon lange, dass »mentales Training« ihre Leistungen steigert. Ich habe früher als Sporttrainer gearbeitet und einen der größten Leichtathletik-Clubs in Großbritannien geleitet. Sobald man diesen Bereich kennenlernt, erfährt man, wie viel mentales Training unsere Spitzensportler vollziehen.

Vor Kurzem hielt ich einen Vortrag bei einer großen Firma, gleich nach einer Rede von Sally Gunnell, die bei den Olympischen Spielen von Barcelona 1992 die Goldmedaille im 400-Meter-Hürdenlauf gewonnen hatte. Sie erklärte, dass 80 Prozent eines solchen Siegs aus mentaler Vorbereitung besteht. Nachdem es ihr 1991 nicht gelungen war, die Weltmeisterschaft zu erreichen, hatte sie einen Sportpsychologen hinzugezogen. Dieser hatte ihr geraten, täglich zu visualisieren, sodass sie schließlich ihre Läufe und die Hürden immer wieder im Kopf geübt und trainiert hatte.

Wichtig war aber auch, dass sie sich häufig vorgestellt hatte, wie sie reagieren würde, wenn etwas nicht nach Plan verliefe – wenn jemand sie etwa überholen oder sie an sich selbst zweifeln oder sich einfach erschöpft fühlen würde. Das sind Dinge, die viele Menschen bei der Visualisierung vergessen, aber sie sind genauso entscheidend für den Erfolg wie die Vorstellung von sich selbst als jemandem, der sein Bestes gibt.

Visualisierungen, wie Sie Ihr Leben verbessern, funktionieren genauso wie die von sportlichen Leistungen. Sie können sie einsetzen, um zum Weltmeister des Selbstwertgefühls zu werden. Mir selbst haben Visualisierungen vor einigen Jahren in einer schwierigen Situation geholfen.

»Sie können mich mal mit Ihrer Dezimalrechnung!«

Das war der Satz, den ich als Erstes hörte, als ich als Mathematiklehrer vor meiner Klasse stand.

Während ich an meinem ersten Buch arbeitete, hatte ich noch zwei Stellen als Lehrer angenommen. Eine an der *University of Glasgow* in der Abteilung für Erwachsenenbildung, die andere am *James Watt College* für Fort- und Weiterbildung. Nach ein paar Monaten bei James Watt hatte man mich gebeten, noch zusätzlich »Grundlagen der Mathematik« an einem Ausbildungszentrum des Colleges zu unterrichten. Es war Teil einer regionalen Initiative für Jungen aus schwierigen Verhältnissen.

Ich betrat an jenem Morgen also zum ersten Mal den Klassenraum in diesem Ausbildungszentrum. Der Lärm war ohrenbetäubend. Die Klasse bestand aus 16-jährigen Jungen, von denen einige bereits ihrer früheren Schule verwiesen worden waren, andere hatten ständig Ärger mit der Polizei, und die meisten hatten nicht das geringste Interesse an Mathematik.

Ich versuchte mich vorzustellen, aber bei dem Lärm hörte das kaum jemand. Dann schlug ich ein paarmal in die Hände, um Aufmerksamkeit zu erlangen. Ein oder zwei Jungen sahen mich an, sodass ich kurz Hoffnung schöpfte. Dann fiel mir nichts anderes ein, als mit dem Unterricht zu beginnen. Meine ersten Worte waren: »Heute Nachmittag werden wir uns mit der Dezimalrechnung befassen.« Da bekam ich den oben genannten Tipp, was ich mit meiner Dezimalrechnung anfangen könnte. Er wurde mir ganz gelassen von einem bedrohlich wirkenden Jungen in der ersten Reihe gegeben.

Die nächsten 45 Minuten waren eine einzige Katastrophe. Ich stotterte und stammelte, entschuldigte mich, wenn jemand mich nicht verstand, und lieferte etwa 5 Prozent des geplanten Stoffs ab.

Ich wollte bloß noch aus der Klasse flüchten, was ich schließlich auch tat. Ich beendete die erste Stunde mit den Worten, sie hätten alle so gut gearbeitet, dass ich ihnen nun eine Freistunde schenken würde.

Dann stieg ich in mein Auto und fuhr aus der Stadt. Auf dem ersten ruhigen Parkplatz hielt ich an und brach in Tränen aus.

Der Gedanke, in der Folgewoche die gleiche Klasse wieder zu betreten, war unerträglich. Am nächsten Tag wollte ich Fiona, die Schulleiterin, aufsuchen, um ihr mitzuteilen, dass ich die Klasse nicht weiter unterrichten würde, und falls das für sie schwierig sei, meinen gesamten Posten als Dozent am College aufgeben würde.

Fiona war an jenem Tag nicht im Büro. Daher erklärte ich meinem Kollegen Ian die Sachlage. Der brach in lautes Gelächter aus: »Die Klasse haben wir alle schon unterrichtet«, erklärte er.

Ich versicherte ihm, dass er das noch nie so erlebt haben konnte.

Doch er meinte, dass wohl jeder Lehrer auf der ganzen Welt irgendwann so etwas mitmachen würde.

Ich antwortete, falls das zum Lehrerberuf gehörte, würde ich nicht lange dabeibleiben. (Ich wollte einen leichteren Job!)

Ian sagte, ich könnte die Klasse abgeben, wenn ich das wollte, aber er forderte mich heraus, meine eigenen Lehrmethoden anzuwenden, um die Schwierigkeiten zu überwinden. Er wusste, dass ich an einem Selbsthilferatgeber schrieb – und nun stand ich hier und brauchte selbst Hilfe. Welche Ironie! Fiona würde am Montag wieder im Büro sein, und er schlug vor, das Wochenende meine eigenen Selbsthilfetechniken zu üben und zu sehen, wie ich das in der Klasse anwenden könnte. Wenn es weiterhin so schlimm bliebe, würde Fiona sicherlich Ersatz für mich finden. Aber es wäre besser und würde mir als Lehrer sehr helfen, wenn ich die Klasse nicht aufgäbe.

An diesem Wochenende verbrachte ich viel Zeit mit Visualisierungen. Ich stellte mir vor, wie ich selbstbewusst vor der Klasse stand oder herumging. Ich malte mir aus, wie selbstbewusst ich sprach – langsam, gemessen, deutlich und verständlich. Das übte ich auch in echt. Ich nahm eine »Power«-Haltung ein und spazierte in dieser Pose der Stärke in meinem Schlafzimmer auf und ab. Dabei tat ich so, als würde ich Dezimalrechnung, Verhältnisrechnung und Proportionen deutlich und selbstbewusst vermitteln.

Montagmorgen fühlte ich mich wesentlich selbstbewusster. Ich hatte immer noch Angst, aber das Selbstbewusstsein behielt die Oberhand. Der Satz, dass es für meine langfristige Entwicklung besser wäre, wenn ich den Lehrauftrag bis zum Ende durchhalten würde, ging mir immer wieder durch den Kopf. Ich konnte das Ganze ja in eine Selbsthilfe-Lektion für mich selbst umwandeln! Irgendwie machte das die Situation leichter.

Als ich am Donnerstag vor dem Klassenzimmer stand, hatte ich so viel an Visualisierungen, Power-Posen, Power-Gehen und Power-Reden hinter mir, dass ich mich automatisch in diesem Stil hielt und bewegte. Die Klasse war immer noch laut und unruhig, aber ich kam besser damit zurecht. Es half auch, dass sich die Schülerzahl aus den unterschiedlichsten Gründen von 20 auf 12 reduziert hatte.

Ich weiß nicht mehr genau, wie es sich ergab, aber einer der Jungen stellte mir plötzlich eine persönliche Frage. Ich antwortete, ich hätte einen Doktorgrad in Chemie und hätte vor meinem Job als Lehrer in der Pharmaindustrie an der Entwicklung von Medikamenten gearbeitet. Dann sprach ich fünf Minuten lang darüber. Ich erklärte, dass bestimmte Wurzeln und Blätter aus dem Regenwald Menschen mit Krebs helfen konnten und dass man die chemischen Stoffe daraus Leuten wie mir übergab, die diese dann synthetisch herstellten, hier und da veränderten, um verschiedene Mittel zu gewinnen, und dann testete, ob eines davon besser wirkte als die Ursubstanz. Ich schrieb ein paar Beispiele an die Tafel, welche Veränderungen wir vorgenommen hatten und warum, und erklärte, dass daraus vielleicht eines Tages eine der weißen Pillen werden würde, die sie irgendwann vom Arzt verschrieben bekämen.

Meine Schüler staunten. Einer fragte mich, ob ich auch über Raumschiffe Bescheid wüsste. Sein Vater hätte gesagt, *Star Trek* würde eines Tages Wirklichkeit. Und so erklärte ich ihnen, was ein Wurmloch ist und wie der Warp-Antrieb in der Theorie funktioniert.

Ich war verblüfft, wie fasziniert sie waren. »Ist ja wahnsinnig!«, murmelte ein Junge begeistert. Sie wollten immer mehr hören. Ich machte also einen Deal mit ihnen. Jede Stunde würde ich ihnen 20 Minuten lang dieses »Wahnsinnszeug« erklären, und den Rest der Zeit würden wir Mathe üben.

So ging das zehn Wochen lang. Abgesehen von Dezimalrechnung, Proportionen und Verhältnisrechnung, behandelten wir organische Chemie, Quantenmechanik, Neurobiologie, den Plazeboeffekt und viele andere Themen. Eine ganze Stunde verbrachten wir mit Informationen über Außerirdische.

Am Schluss des Kurses bekamen alle die Bestnote. Ich erinnere mich besonders gerne daran, wie ich einem großen, grobschlächtigen Jungen mit einer tiefen, brummigen Stimme seine Arbeit zurückgab. Als er die »Eins« auf dem Deckblatt sah, flüsterte er: »Das ist die falsche Arbeit.«

Er hatte einfach angenommen, dass er niemals eine Eins erlangen könnte. Er war fest davon überzeugt, nicht gut genug zu sein.

Ich versicherte ihm, es sei seine Arbeit und dass er stolz auf sich sein könnte. Diese Eins hätte er verdient. Da stiegen ihm die Tränen in die Augen, und er wandte rasch und verlegen den Blick ab.

Beim Weitergehen schlug ich ihm leicht auf die Schulter und sagte: »Gute Arbeit, mein Junge!« Ich hoffte, dass er sich dadurch ein wenig besser fühlen würde.

Im letzten Jahr erfuhr ich, dass einer dieser Jungen Ingenieurwissenschaften studiert und mit einer Eins abgeschlossen hatte.

Wenn wir uns Schwierigkeiten stellen, statt sie zu vermeiden, geschehen oft Wunder. Visualisierungen und »Power«-Haltungen hatten mir geholfen, mich dieser Herausforderung zu stellen. Sie hatten sich innerhalb von wenigen Tagen, noch vor der zweiten Schulstunde, fest genug in meinem Gehirn verankert. Das zeigte mir deutlich, dass sich durch die Veränderungen im Gehirn und wie wir dann auf Situationen reagieren, Möglichkeiten auftun, die vorher einfach nicht existierten.

FITNESSTRAINING FÜR SELBSTLIEBE: *Weltmeister in Sachen Selbstliebe*

❖ Stellen Sie sich eine Situation vor, in der Ihr Selbstwertgefühl gering ist, ob zu Hause, am Arbeitsplatz oder bei einem gesellschaftlichen Anlass. Vielleicht werden Sie gemobbt, oder man nutzt Sie aus. Vielleicht nutzen Sie Ihre Stärken nicht und werden schon seit Jahren bei anstehenden Beförderungen übergangen. Vielleicht fallen Sie, sobald Sie Ihr Elternhaus wieder betreten, immer in alte Verhaltensmuster zurück, die Ihnen nicht guttun. Vermutlich fallen Ihnen genügend unterschiedliche Szenarien ein ...

❖ Machen Sie geistig oder auch auf einem Blatt Papier eine Art Prioritätenliste und nehmen Sie sich nun die unangenehmste und dringlichste Situation vor. Stellen Sie sich vor, wie Sie sich verhalten, wenn Sie sich in einem Zustand von »Ich bin gut genug« befinden. Malen Sie sich aus, wie Sie stehen und wie Sie sich bewegen. Ist Ihr Rücken aufrecht und gerade? Sind Ihre Schultern locker? Was ist mit der Atmung? Ist sie tief und gleichmäßig, reicht sie sogar bis zum Solarplexus? Was wollen Sie sagen? Wie würden Sie es sagen? Welche Stimmlage würden Ihre Worte haben? Würden Sie rasch oder langsam sprechen? Wie ist Ihr Blick dabei? Offen, freundlich, selbstsicher?

❖ Spielen Sie diese Szene fünf- bis zehnmal im Kopf durch, während Sie die »Gut genug«-Haltung im Gehirn verankern. Bei den ersten paar Malen rufen Sie sich in Erinnerung, wie es war, sich nicht gut genug zu fühlen, aber beim dritten oder vierten Mal beginnen Sie gleich mit einem Verhalten, das »gut genug« ausdrückt.

❖ Wiederholen Sie die Szene häufig, indem Sie die Situation rein gedanklich durchspielen oder, wie ich an jenem Wochenende vor der zweiten Mathestunde, tatsächlich die Power-Haltung einnehmen bzw. in Power-Tonlage sprechen und so tun, als ob Sie sich bereits mit Ihrem imaginären Gegenüber auseinandersetzen. Üben Sie möglichst täglich, zumindest aber ein paarmal die Woche, bis Sie schließlich automatisch ausdrücken, dass Sie in der Tat gut genug sind.

Netzwerk-Erkenntnisse

Wenn ich über die neuronalen Netzwerke und die neurobiologische Verankerung von Erfahrungen im Gehirn rede, kommt manchmal aus dem Publikum die Anmerkung, dass man selbstverständlich durch eine einzige Erkenntnis *wissen* kann, dass man gut genug ist, ähnlich wie das bei einer »Erleuchtung« der Fall ist, die ebenfalls dauerhaft etwas verändern kann.

Das ist absolut richtig! Durch eine solche Erkenntnis erfolgen die Veränderungen in der Gehirnchemie, die die neue Denkweise unterstützen. Wird weiterhin konsequent auf die neue Art gedacht und gefühlt, bauen sich im Laufe der Zeit Vernetzungen auf und verankern dieses Wissen. Und je »breiter« diese neuronalen Pfade werden, umso geringer wird die Chance, in den »Nicht gut genug«-Zustand zurückzufallen. Letztendlich ist als Auslöser für diesen Prozess in der Tat nur ein einziger Gedanke nötig.

Wenn Sie diese Erkenntnis noch nicht überkommen hat, keine Sorge, verankern Sie weiterhin regelmäßig, dass Sie gut genug sind, bis es schließlich haften bleibt. Sie erinnern sich? Wiederholung! Wiederholung! Wiederholung!

• • • • • • • • • • • •

Zusammengefasst heißt das ... Das Gehirn unterscheidet nicht zwischen Wirklichkeit und Fantasie. Zahlreiche wissenschaftliche Studien belegen, dass es sich verändert, wenn wir etwas Bestimmtes tun, aber dass es sich in gleicher Weise verändert, wenn wir uns dies nur vorstellen.

Alle Spitzensportler nutzen dieses Phänomen der Neuroplastizität aus, um ihre Leistung durch Visualisierungen zu verbessern. Reha-Spezialisten schlagen ebenfalls Visualisierungen vor, wenn Patienten sich von einem Schlaganfall erholen, da die Vorstellung der Bewegung dem Gehirn hilft, sich zu regenerieren.

Dies alles bedeutet, dass wir uns vorstellen können, mit gesundem Selbstbewusstsein zu leben, und unser Gehirn wird dies auf ebendieser Ebene verankern.

Wir können zudem vergessen, was geringes Selbstbewusstsein ist, genau, wie wir höhere Mathematik nach der Schule vergessen können. Wenn wir dem keine Aufmerksamkeit mehr schenken, wie klein und unbedeutend wir uns fühlen, und uns stattdessen darauf konzentrieren, uns so zu verhalten, wie es einem gesunden Selbstbewusstsein entspricht, dann lösen sich die neuronalen Verbindungen für mangelnde Selbstliebe von selbst auf.

2. Teil

Was ist wirklich wichtig?

»Das Große ist nicht, dies oder das zu sein, sondern man selbst zu sein.«
Søren Kierkegaard

5. Kapitel

Ist es wichtig, dass jeder Sie mag?

»Ich bin eine Rose, ob man mich bewundert oder nicht.
Ich bin eine Rose, egal,
ob die Leute verrückt nach mir sind oder nicht.«
SERDAR ÖZKAN[1]

Kurz nachdem 2007 mein erstes Buch veröffentlicht worden war, hielt ich bei einer Konferenz in Las Vegas einen Vortrag. Ich erwartete hier einen Durchbruch, und es war mir sehr wichtig, dass alles gut lief. Als ich dabei eine bestimmte Anekdote erzählte, lachte ein Mann in der ersten Reihe so sehr, dass er vom Stuhl fiel und, immer noch lachend, im Mittelgang landete. Als ich das sah, erlebte ich unmittelbar ein Hochgefühl.

Einen Sekundenbruchteil später fiel mein Blick auf einen anderen Mann, der links von mir saß. Es schien zwar, dass das gesamte Publikum lachte, doch sein ernstes, gelangweiltes Gesicht belehrte mich eines Besseren. Ich errötete. Meine Konzentration war weg. Ich hätte an dieser Stelle völlig versagt, wenn das Publikum nicht noch gelacht hätte, denn in dem Moment kann man so ziemlich alles sagen, ohne dass es einem übel genommen wird. Ich hatte nur noch zehn Minuten meines Vortrags zu halten, und obwohl ich diesen letzten Teil meinem Gefühl nach eher stolpernd hinter mich brachte, hat das vermutlich außer mir niemand so empfunden.

Später an diesem Abend, als wir bei einem Drink zusammensaßen, sagte mir meine Partnerin Elizabeth, wie stolz sie auf mich sei und dass sie von wildfremden Menschen angesprochen worden sei, was für einen großartigen Vortrag ich gehalten hätte. Man würde jetzt denken, dass ich mich in einem absoluten Hochgefühl befand, oder? Sicher, ich konnte mich innerlich selbst feiern und hochloben, aber ich dachte immer wieder an den Mann auf der linken Seite, der nicht einmal gelächelt hatte. Jedes Mal, wenn ich an ihn dachte, wurde ich rot. Ich fragte mich, ob ich ihn irgendwie beleidigt hatte. In Gedanken ging ich meinen Vortrag immer wieder durch auf der Suche danach, was vielleicht anstößig gewirkt haben könnte, aber ich fand nichts. Ich fragte mich, ob er ein Uni-Professor oder Skeptiker war, den ich verärgert hatte, indem ich eine Brücke zwischen akademischer Wissenschaft und Selbsthilfe, alternativer Medizin und Spiritualität schlug. Ich hoffte inständig, ihm nicht wieder zu begegnen, falls er aggressiv war. Sie wissen ja schon, wie ich mich bei aggressiven Menschen verhalte …

Sie haben vermutlich schon erkannt, dass dies in einer Lebensphase stattfand, als mir sehr wichtig war, was andere Menschen von mir hielten. Vermutlich haben Sie selbst sich auch schon ähnlich gefühlt. Schließlich sind wir ja alle bloß Menschen …

Üben Sie, Geduld mit sich zu haben

Es heißt oft, dass man nicht daran denken sollte, ob andere Menschen einen mögen, sondern nur daran, ob man sich selbst mag oder nicht.

Das gefällt mir – und Ihnen vermutlich auch. Es hat etwas Tröstliches, und es klingt wahr. Vielleicht bedeutet dieser Gedanke das Licht am Ende eines Tunnels.

Vermutlich hören wir alle gern solche Zitate. Sie erinnern uns an die Weisheit, die wir innerlich genau kennen, aber gewöhnlich im Alltag vergessen. Solche Worte geben einem Hoffnung und erinnern uns daran, wer und wie wir sein wollen.

Sich unabhängig von den Meinungen anderer zu fühlen ist ein ehrenwertes Ziel. Aber es ist auch in Ordnung, ein wenig Geduld mit sich zu üben und sich nicht zu ärgern, wenn man sich trotzdem darüber Gedanken macht.

Es ist normal, dass man von anderen Menschen gemocht werden will. Solange man nicht von dem Gedanken besessen ist, ist es ganz natürlich, denn es bedeutet, dass man sich des eigenen Verhaltens bewusst ist. Wie würde die Welt aussehen, wenn wir uns alle nur nach uns selbst richten, ohne Rücksicht darauf, wie unser Benehmen auf andere wirkt?

Der Schlüssel liegt in einem gesunden Bewusstsein davon, wie andere uns wahrnehmen könnten, ohne deren Meinungen als eigene zu übernehmen, es sei denn, wir können sie wirklich als Wahrheiten für uns erkennen. Manche glauben fest, dass man nur glücklich und erleuchtet sein kann, wenn man die Meinung anderer über sich hundertprozentig ignoriert. Aber mit solchen absoluten Maßstäben zu leben bedeutet letztendlich nur, dass man sich nie gut genug fühlen wird. Denn gelänge es uns nicht hundertprozentig, uns von der Meinung anderer frei zu machen, würde das ja wieder ein Scheitern bedeuten.

Das Leben ist einfach nicht schwarz oder weiß. Das Leben fließt von Weiß zu Schwarz, von Schwarz zu Weiß, es tanzt irgendwo in der Grauzone herum, leuchtet in Gelb und Orange auf, meditiert in Blau, spielt verrückt in Rot und ist vorwiegend unberechenbar. Wenn wir damit zurechtkommen können – wunderbar!

Wenn wir mit der Sorge, was andere Menschen über uns denken, zurechtkommen, also nicht allzu beeinträchtigt sind, wenn sie uns nicht mögen, dann ist das ebenso gut.

Ich erinnere mich noch gut an den Moment in meinem eigenen Leben, als mich diese Erkenntnis überkam. Es geschah, ein paar Monate nachdem ich an der Verankerung des Bewusstseins »Ich bin gut genug« in meinem Gehirn gearbeitet hatte, bei einem meiner Internet-Kurse. Nach einem Webinar bekam ich eine E-Mail von einer Frau, die ihr Geld zurückverlangte. Vermutlich rechnete sie nicht damit, dass ich meine E-Mails selbst beantwortete, denn sie drückte sich ziemlich scharf aus und schrieb, dass sie es sehr ärgerlich fand, mir zuzuhören.

Zu meiner eigenen Überraschung machte mir das nichts aus. Wenn ich vorher zuweilen negatives Feedback bekommen hatte, errötete ich als erste, spontane Reaktion darauf immer, und mir wurde heiß. Diesmal wurde ich nicht rot vor Scham und brauchte ich mir nicht einmal positiv zuzureden – und das war das unmittelbare Biofeedback auf die Kritik! Es zeigte mir, dass sich die Veränderungen, an denen ich arbeitete, schon in meinem Gehirn und Nervensystem verankert hatten. Ich fand einfach, dass man nicht jedem gefallen kann und dass es Zeitverschwendung sei, das auch nur zu versuchen. Ich nahm den Vorfall also so hin und dachte nicht mehr darüber nach.

Ich erwähne hier meine eigene Transformation, denn Sie können sie vielleicht gut auf sich selbst beziehen. Da Sie dieses Buch lesen, sind wir uns vermutlich innerlich ziemlich ähnlich.

Warum wir anderen gefallen wollen

Wenn Leute sagen, es sei ihnen völlig egal, was andere Menschen über sie denken, dann kann es mehrere Gründe dafür geben:

1. Sie lügen,
2. sie denken, sie seien nicht sonderlich beliebt, und wenden dies als Bewältigungsstrategie an,
3. sie haben wenig Selbstbewusstsein im Umgang mit anderen,

4. ihre Worte sind eine Bestätigung dafür, dass sie sich genau das wünschen.

Es gibt einen guten Grund, warum uns das Wohlwollen der Menschen um uns herum wichtig ist. Wir sind nämlich genetisch so veranlagt. Unser Menschsein braucht die Verbindung zu anderen Menschen.

Schon in grauer Vorzeit haben wir gelernt, dass eine Gruppe Sicherheit bietet und dass es allen nützt, wenn Menschen sich gegenseitig helfen. Ablehnung bedeutete Hunger oder gar Tod. Auch wenn das heute nicht mehr so gilt (außer in Teilen der Welt, in denen Hunger eine Realität ist), ist dieser Trieb immer noch tief in uns verwurzelt. Ausgestoßen zu werden erzeugt Angst, im biologischen wie im neurologischen Sinn. Wir verstehen vielleicht nicht die Grundlagen unseres Bedürfnisses, gemocht zu werden, aber wir haben es dennoch. Es ist uns angeboren.

Es ist also absolut natürlich, sich darüber Gedanken zu machen, was andere Menschen von uns denken. *Abgelehnt zu werden ist die größte Furcht des Menschen. Akzeptiert zu werden ist das größte Bedürfnis.*

Forschungsstudien mit Personen zwischen 80 und 100 Jahren ergaben alle das Gleiche: Soziale Kontakte sind gesund und wirken lebensverlängernd.

Kontakte mit anderen Menschen erhalten auch unsere seelische Gesundheit. Bei der Untersuchung eines großen sozialen Netzes von über 1200 Personen stellten Nicholas Christakis, ein ehemaliger Harvard-Professor, gegenwärtig am *Yale Institute for Network Science* tätig, und sein Kollege James Fowler von der UCLA fest, dass jeder Kontaktpunkt eine deutliche Zunahme an Glücksgefühlen bewirkt.[2]

Eines der besten Gegenmittel bei Depressionen ist daher, aus dem Haus zu gehen und mit anderen Menschen zu kommunizieren, auch wenn einem das schwerfällt. Zu Hause sitzen und sich isolieren macht alles nur schlimmer.

Wichtig ist auch zu wissen, dass Menschen, die gerne mit anderen interagieren, gesündere Herzen haben. Kontakte produzieren das Hormon Oxytocin, einen Stoff, der grundsätzlich das Herz und die Gefäße schützt. Es senkt den Blutdruck und befreit die Arterien von einigen Vorstufen für Gefäßkrankheiten. Es ist ein Hormon, das für menschliches Leben unbedingt nötig ist. Das Oxytocin-Gen ist für die menschliche Entwicklung so wichtig, dass es vermutlich schon über 500 Millionen Jahre lang existiert. Selbst Dinosaurier brauchten Kontakt mit anderen!

Ich habe die vielen Wirkweisen von Oxytocin in meinem Buch *Achte auf deine Gefühle* (a.a.O.) beschrieben. Und will sie hier nicht alle wiederholen, sondern nur empfehlen, sich dieses Buch anzusehen, falls das Thema Sie interessiert.

Tief drinnen, so tief es überhaupt geht, brauchen wir Menschen einander, und wir wollen akzeptiert und von anderen gemocht werden. Akzeptiert und gemocht zu werden ist Bestandteil unserer bloßen Überlebensfunktionen. Wenn wir weder akzeptiert noch gemocht werden, können wir unsere Gene nicht weitergeben, und das fühlt sich gewissermaßen wie das Ende an. Daher ist abgelehnt zu werden die größte menschliche Angst. In der kollektiven menschlichen Psyche stellt dies eine Bedrohung unseres Überlebens an sich dar.

Das authentische Selbst achten

Die Angst, nicht akzeptiert zu werden, ist so stark, dass sie Männer wie Frauen dazu bringt, ihr Äußeres zu verändern, um mehr dem Bild zu entsprechen, von dem sie glauben, dass andere es vorziehen.

Tief drinnen fühlt wohl jeder, dass wir mit einem bestimmten Aussehen vermutlich eher gemocht und daher akzeptiert werden. Viele Menschen passen auch ihr Verhalten an, etwa wie sie sprechen, damit sie anerkannt werden.

Die Menschen tun fast alles, um sich irgendwo zugehörig zu fühlen. Wir haben schon gehört, wie sie andere mobben, um zu einer Gruppe zu gehören, und dann in normales Verhalten zurückfallen, wenn der Anführer der Gruppe ausfällt. Ich weiß noch, wie meine Mitstudenten an der Universität einen Jungen hänselten, weil er Dinge getan hatte, die sie für albern hielten. Wenn ich mit ihnen zusammen war, machte ich dabei mit. Insgeheim tat er mir leid. Habe ich das offen ausgedrückt? Ja, schließlich irgendwann. Aber die Gruppe überstimmte mich rasch, und ich machte wieder mit aus Angst, ausgestoßen zu werden. Ich bin in meinem Leben oft gemobbt worden, habe mich aber auch oft an Mobbing beteiligt. Das gilt wohl für uns alle.

Im Berufsleben ist es verbreitet, dass man Dinge sagt, an die man nicht recht glaubt, nur um von der Gruppe respektiert oder akzeptiert zu werden. Ich besuchte einmal den Vortrag eines Wissenschaftlers, in dem es um das Überleben des Bewusstseins nach dem Tod ging. Er sagte, er habe den gleichen Vortrag an der medizinischen Fakultät einer großen, bekannten Universität gehalten, als dort eine Konferenz stattfand. Dabei vermittelte das Publikum ihm den Eindruck, dass es ihm kein Wort glaubte. Doch in den Tagen nach seinem Vortrag, als man sich auch privat begegnete, unterhielt er sich mit sieben Professoren, die zugaben, mit allem, was er gesagt hatte, übereinzustimmen. Einige hatten selbst Zeichen beobachtet, die für ein Überleben des Bewusstseins sprachen, und auch Patienten interviewt, die man wiederbelebt hatte. Aber alle baten ihn, diese Unterhaltungen für sich zu behalten, um ihre Beziehung zu den Kollegen und ihren guten Ruf nicht zu gefährden.

Der Wissenschaftler fand es amüsant, dass diese Ärzte privat seiner Meinung waren, aber im Berufsleben so taten, als wären seine Ansichten völliger Unsinn.

Logisch gesehen, macht es Sinn, sich Gruppen anzuschließen, besonders wenn eine abweichende Position der Karriere abträglich sein und damit finanzielle Nachteile für uns und unsere Familie haben kann. Aber auf einer grundsätzlicheren Ebene kompromittieren wir so jedes Mal unser authentisches Selbst und verzichten damit auf einen Teil unseres Ichs. Es ist in Ordnung, das, was wir sagen, vernünftig und aus gutem Grund anzupassen. Aber es sollte nicht aus einem Gefühl der Angst heraus geschehen. Ersteres zeigt, dass wir der Meinung sind, gut genug zu sein, Letzteres zeigt das Gegenteil.

Viele Menschen richten ihr Leben nach den Bedingungen anderer ein und versuchen, allen zu gefallen. Sie geben sich ständig Mühe, so zu sein, wie andere sie haben wollen. Sie reden sich ein, sie seien lediglich höflich – und das sagen wir uns auch gerne vor, nicht wahr? Aber im Grunde haben wir einfach bloß Angst, anderen nicht zu gefallen. Wenn wir nicht gemocht werden, dann gehören wir nicht dazu. Und wir alle wünschen uns Zugehörigkeit. Wir können uns glauben machen, dass wir allein glücklicher sind, aber bei der geringsten Chance, irgendwo mitzumachen, greifen wir zu. Es ist eben schwer, unsere biologischen Grundlagen als Mensch zu überlisten.

Der Wunsch, gemocht zu werden, ist normal, daher haben Sie ein wenig Geduld mit sich und schimpfen Sie sich nicht, wenn Sie feststellen, dass Sie anderen gefallen wollen. Ein Problem entsteht erst, wenn man solche Angst hat, nicht gemocht zu werden, dass man das authentische Selbst kompromittiert, nur um akzeptiert zu werden.

Je öfter wir solche Kompromisse eingehen, umso schwächer werden unsere Kontakte mit anderen und umso weniger haben wir ein echtes Gefühl von Zugehörigkeit. Je authentischer wir hingegen sind, umso fester verankern wir das »Gut genug«-Gefühl in unserem neuronalen Netzwerk.

Natürlich geht man, wenn man sich authentisch und echt gibt, auch ein Risiko ein. Zeigt man sein wahres Selbst, kann es passieren, dass man von manchen Menschen abgelehnt wird.

Ein guter Freund von mir, der homosexuell ist, verriet mir, dass viele seiner Freunde sich noch nicht geoutet hätten, weil die Angst vor negativen Reaktionen immer noch größer ist als mögliche Vorteile. Abgelehnt zu werden auch von der eigenen Familie, sagte er, sei durchaus vorstellbar, und Akzeptanz würde eher als ein unrealistischer Traum betrachtet.

Und wenn andere einen nun nicht so akzeptieren, wie man wirklich ist?

So schwer uns das auch fallen mag, wir müssen uns auch mit dieser Möglichkeit befassen, sonst stecken wir irgendwie fest. Natürlich trifft es zu, dass manche sich entscheiden werden, aus unserem Leben zu verschwinden. Doch wenn das passiert, wird ein Platz für jemand Neuen frei. Wäre es Ihnen nicht lieber, Menschen in Ihrem Umkreis zu haben, die Ihr echtes Selbst lieben, statt Personen, denen nur das gefiel, was Sie vorgaben zu sein?

Es heißt oft, dass man nicht versuchen sollte, andere Menschen bewusst für sich einzunehmen. Wenn Sie ganz Sie selbst sind, dann erscheinen die richtigen Menschen von allein in Ihrem Leben – Menschen, die das Echte an Ihnen lieben.

Anaïs Nin schrieb einmal: »Dann kam der Tag, an dem das Risiko, sich eng in einer Knospe zu verschließen, schmerzlicher war als das Risiko, aufzublühen.«

FITNESSTRAINING FÜR SELBSTLIEBE: *Authentisch leben*

Die folgende Übung ist darauf angelegt, die negativen Folgen des Risikos, authentisch zu leben, zu verringern, und sich mehr auf die Vorteile zu konzentrieren.

- ❖ Strengen Sie sich oft an, damit andere Menschen Sie mögen? Sind das bestimmte Menschen?
- ❖ Wäre es schlussendlich sehr wichtig, ob diese Personen Sie nun mögen oder nicht? Was ist das Schlimmste, was eintreten könnte?
- ❖ Wie würden Ihr Leben und Ihre Beziehungen aussehen, wenn Sie sich nicht so sehr um die Akzeptanz anderer bemühen würden?
- ❖ Was könnten Sie tun, das demonstrieren würde, wie wenig es eine Rolle spielte, ob jemand Sie nun mag oder nicht (ohne unangemessen zu handeln oder ein Gesetz zu übertreten)? Es würde wie eine Stellungnahme wirken, gut genug zu sein.
- ❖ In den nächsten sieben Tagen unternehmen Sie täglich etwas, das zeigt, dass es Ihnen wichtiger ist, sich selbst zu gefallen als anderen. Vielleicht kleiden Sie sich so, wie Sie es schon längst tun wollten, oder wählen eine Frisur, bei der Sie bisher Sorge hatten, dass sie anderen Leuten (oder einer bestimmten Person) nicht gefallen könnte. Vielleicht trauen Sie sich sogar am Arbeitsplatz,

frei Ihre Meinung zu sagen – etwas, wovor Sie bisher immer Angst gehabt haben. Oder könnten Sie Nein sagen, wenn Sie Nein meinen, statt wie sonst üblich automatisch Ja zu sagen?

Als meine Freundin Margaret die erste Fassung dieses Buches gelesen hatte, rief sie mich an und erwähnte das Beispiel, das ich zu Beginn dieses Kapitels zitiert habe, meinen Vortrag in Las Vegas. Sie sagte, wir seien einfach nicht dafür verantwortlich, wie andere Menschen uns einschätzten. Solange wir unser Bestes gäben, wäre es nicht mehr unsere Angelegenheit, wie andere uns sehen, sondern deren Problem.

Sie hatte natürlich völlig recht. Es ist nicht unsere Aufgabe, zu steuern, wie andere uns einschätzen. Wenn das der Fall wäre, hätten wir sehr, sehr viel zu tun und wären wohl bald völlig erschöpft. Es ist einfach nicht möglich, jedem zu gefallen. Doch es ist möglich, uns selbst treu zu sein.

Wenn ich versuche, freundlich, geduldig, verständnisvoll und mitfühlend gegenüber anderen Menschen zu sein – wenn ich mit dieser persönlichen Integrität lebe –, dann weiß ich, dass das, was ich tue, aus dem Herzen kommt. So lässt es sich viel leichter aufgeben, die Einschätzung anderer zu steuern. Das weiß ich genau, denn ich würde stets versuchen, mein Bestes zu geben.

»Spieglein, Spieglein …«

Haben Sie schon einmal gehört, welche starke Wirkung es auf einen hat, wenn man in den Spiegel blickt und dann laut »Ich liebe dich!« sagt? Louise Hay hat viel darüber geschrieben und wie dies hilft, sich selbst zu lieben. Ich brauche das hier nicht zu wiederholen, denn ich bin ein Fan von Louise. Sie hat mich überzeugt!

Bei der Party zu ihrem 85. Geburtstag gab sie jedem Gast eine Karte mit einem kleinen runden Spiegel in der Mitte eines Herzens. Darunter standen die Worte: »Ich liebe dich!« Diese Karte hängt in meinem Büro an der Wand, damit ich sie beim Schreiben immer sehe. Ich konzentriere mich oft auf die Botschaft und weiß, wie gut mir das tut.

Der Grund, warum ich dieses Kapitel »Spieglein, Spieglein …« genannt habe, ist, dass Sie bei diesem Kurs in Selbstliebe hoffentlich immer häufiger denken, dass Sie nicht den Erwartungen anderer zu entsprechen brauchen, dass Sie die Anerkennung anderer nicht brauchen und es nicht nötig haben, dass eine bestimmte Person oder Gruppe Sie mag. Das ist wunderbar, aber Sie sollten nicht vergessen, dass andere Menschen das Recht haben, das Gleiche zu denken. Sie brauchen nicht *Ihren* Erwartungen zu entsprechen, brauchen *Ihre* Anerkennung nicht und brauchen *Sie* auch nicht zu mögen.

Das ist eine sehr wichtige Erkenntnis, denn wenn wir erwarten, dass andere Menschen ihr Leben entsprechend unseren Regeln und Erwartungen führen oder wir sie sogar danach beurteilen, dann heißt das eigentlich, dass es in Ordnung ist, wenn andere das Gleiche von uns erwarten.

Wenn Sie sich von den Erwartungen, der Anerkennung und den Urteilen anderer befreien wollen, müssen Sie andere auch von Ihren Erwartungen, Ihrer Anerkennung und Ihren Urteilen befreien.

Wenn Sie merken, dass Sie andere beurteilen, rufen Sie sich in Erinnerung, dass man unmöglich jemals wissen kann, was ein anderer Mensch denkt. Wir wissen eigentlich nie, warum jemand etwas sagt, wie er es sagt oder sich verhält, wie er sich verhält. Das hat mir meine Mutter schon beigebracht, und ich wurde vor nicht langer Zeit in einem Coffeeshop wieder daran erinnert. Als ich vor dem Tresen wartete, fuhr eine Frau in einem Elektromobil an der Schlange, in der wir alle standen, entlang. Zwischen den Leuten in der Schlange und den Tischen war nur wenig Platz, aber sie versuchte trotzdem durchzukommen, schaffte es auch, fuhr aber dabei über meinen Fuß. Sie blickte sich kurz um, entschuldigte sich aber nicht, sondern fuhr weiter.

Einen Moment lang war ich baff, denn ich hatte eine Entschuldigung erwartet, doch dann ließ ich den Gedanken einfach fahren und widmete mich wieder der wichtigen Aufgabe, welches Stückchen Kuchen ich mir zu meinem Kaffee gönnen würde. Ich will noch erwähnen, dass ich einen Blaubeer-Muffin aussuchte, eigentlich kein richtiger Kuchen …

Die Frau und ich saßen schließlich an Tischen nebeneinander. Nach etwa einer halben Stunde, als sie ihren Kaffee ausgetrunken hatte, stand sie auf und setzte sich wieder in ihr Seniorenmobil, doch das funktionierte nicht mehr. Schließlich rief sie dort an, wo sie das Ding gekauft hatte.

Nach wenigen Minuten tauchte ein Mechaniker auf. Er musste wohl in der Nähe gearbeitet haben. Ich hörte ihre Unterhaltung mit an, weil sie so dicht bei mir standen. Es stellte sich heraus, dass die Frau das Elektromobil erst vor wenigen Stunden abgeholt hatte und dies ihr erster Ausflug mit diesem Vehikel war. Sie war in den Coffeeshop gekommen, um sich auszuruhen.

Ich hörte, dass sie sich mit dem Fahrzeug sehr unsicher fühlte und sich noch wenig zutraute. Sie hatte sich noch nicht an das Tempo gewöhnt, und es war für sie besonders stressig, wenn sie enge Wege bewältigen musste.

Sofort empfand ich ausgesprochenes Mitgefühl für die Frau. Ich hatte gleich das Gefühl gehabt, dass sie eigentlich etwas hatte sagen wollen, als sie über meinen Fuß gefahren war und sich zu mir umgedreht hatte. Vermutlich hatte jedoch eine Mischung aus Verlegenheit und Scham und die Angst, bei dieser Tour zwischen Warteschlange und den Tischen noch über weitere Füße zu fahren, bewirkt, dass sie geschwiegen und sich auf die komplizierte Weiterfahrt konzentriert hatte.

Dass sie über meinen Fuß gefahren war, machte mir wirklich nichts aus, aber ich hatte selbstverständlich erwartet, dass jemand, dem ein solches Missgeschick passiert, sich entschuldigt. Dementsprechend hatte ich die Frau als unhöflich beurteilt. Einer solchen Erwartungshaltung liegt die Annahme zugrunde, dass wir alle unter gleichen Bedingungen operieren – dass jeder mit den gleichen Problemen im Leben ringt. Aber wir wissen ja alle ganz genau, dass das nicht stimmt.

Wenn Sie also das nächste Mal jemanden beurteilen oder verurteilen, halten Sie einen Moment inne und denken daran, wie Sie sich fühlten, als andere Sie beurteilt haben, ohne zu wissen, was Ihnen gerade durch den Kopf ging oder was sich in Ihrem Leben gerade abspielte.

Denken Sie daran, dass wir alle bloß versuchen, uns mit den Fähigkeiten und dem Wissen durchs Leben zu kämpfen, die wir haben. Wir alle haben Hoffnungen und Träume. Und wir alle haben oft Angst. Wir alle haben Fehler oder Schwächen, aber auch Schönes und Gutes in uns.

Was sehen Sie eher in anderen, was in sich selbst? Schönheit oder Fehler? Es liegt an Ihnen.

Wenn Sie wollen, dass andere die Schönheit bei Ihnen entdecken, dann suchen Sie diese heute ganz bewusst bei jemand anderem.

Wenn Sie wollen, dass Menschen sehen, wer und wie Sie sind, dann üben Sie in den nächsten Tagen ganz gezielt, Interesse am Leben anderer zu entwickeln und zu zeigen.

FITNESSTRAINING FÜR SELBSTLIEBE: *Loslassen*

Wenn Sie die Personen, über die Sie urteilen und von denen Sie sich beurteilt fühlen, identifizieren können, ist das der erste Schritt, um sich davon zu lösen. Sie können dann das »Nicht gut genug«-Gefühl weiter hinter sich lassen, besonders wenn Sie meinen, in dieser Haltung festzusitzen.

Beantworten Sie die folgenden Fragen:

❖ Leben Sie unter dem Druck der Erwartungen anderer? Wer erwartet insbesondere etwas von Ihnen? Was ist das?

❖ Wie wäre Ihr Leben, wenn Sie sich von diesen Erwartungen befreien könnten?

❖ Was würden Sie anderen mitteilen, um sich von deren Erwartungen zu befreien?

❖ Könnten Sie einen anderen von Ihren Erwartungen befreien? Was würde das für Sie bedeuten?

❖ Wie könnten Sie anderen vermitteln, dass Sie sie von Ihren Erwartungen befreien?

Zusammengefasst heißt das ... Es ist natürlich, wenn wir von anderen gemocht werden wollen. Das liegt in unserer Genstruktur verankert. Wir haben den Trieb, uns mit anderen verbinden zu wollen, weil es sich gut anfühlt und uns glücklicher macht. Gute Beziehungen und regelmäßige soziale Kontakte sind außerdem gesund und verlängern sogar das Leben.

Aber es ist wichtig, unser authentisches Selbst nicht zu verleugnen, um andere dazu zu bewegen, uns zu mögen. Die meisten Menschen nehmen unbewusst an, dass sie akzeptiert werden, wenn sie sich so verhalten, wie andere sie haben wollen. Doch das Problem bei solchen Einschränkungen der Authentizität ist, dass man niemals eine gute Qualität an Beziehungen erreicht, wenn man vorgibt, jemand zu sein, der man in Wahrheit nicht ist. Der einzige Weg zu echten Beziehungen bedeutet, einfach man selbst zu sein.

Seien Sie authentisch, ehrlich und echt. Das ist gut genug.

6. Kapitel

Scham

»Unsere Würde kann angegriffen, beschädigt und grausam verspottet werden, aber man kann sie uns niemals nehmen, es sei denn, wir geben sie freiwillig auf.«
Michael J. Fox

»(Scham) … intensives, unangenehmes Gefühl oder Erfahrung, wobei man glaubt, man sei unzureichend und daher Liebe und Zugehörigkeit unwürdig.« Klingt das vertraut? Die Definition stammt von der Scham-Forscherin Brené Brown.

Scham erschwert es, authentisch man selbst zu sein, denn man ist überzeugt, dieses authentische Selbst habe Mängel. Man nimmt an, dass man niemals akzeptiert würde, wenn man dieses fehlerhafte Selbst offenlegte. Scham trifft uns ganz tief in der Seele, wo es ums reine Überleben geht. Scham fesselt uns an den Ort, an dem wir niemals gut genug sind.

Tatsache ist jedoch, dass Scham bloß eine Überzeugung ist und keine Realität. Es ist lediglich eine *Annahme* über die Realität. Lassen Sie uns hier ein paar geistige Streckübungen machen, um einige grundsätzliche Gedanken über die Scham zu entwirren.

Löschen wir die beiden Wörter: »Ich bin«

Scham ist die Überzeugung, fehlerhaft zu sein – beschädigt, nicht gut genug –, und aus diesem Grund sei man nicht würdig, geliebt zu werden, sei man ohne Anspruch auf Glück, Bindungen oder Zugehörigkeit.

Scham macht alles persönlich. Alle Sätze beginnen mit den Worten »Ich bin«: »Ich bin ... nicht gut genug«. Nicht dass wir etwas Dummes verbrochen, schlechte Leistungen erbracht oder falsche Entscheidungen getroffen haben – nein, es geht darum, wie wir uns aufgrund von Scham definieren.

- Statt zu sagen: »Ich habe etwas Dummes gemacht«, sagen wir: »Ich bin dumm.«
- Statt »Ich habe etwas Böses getan«, sagen wir: »Ich bin böse.«
- Statt zu sagen: »Mein Körper ist dick oder unbeweglich«, sagen wir: »Ich bin zu dick, zu unbeweglich.«
- Statt zu sagen: »Ich verdiene nicht genug Geld, um meine Familie zu ernähren«, sagen wir: »Ich bin nicht gut/selbstbewusst/intelligent genug, um meiner Familie ein angenehmes Leben zu verschaffen.«
- Statt zu sagen: »Ich habe etwas falsch gemacht«, sagt die Scham: »Ich bin ein Versager.«

Tatsache ist jedoch, dass wir diese Dinge nicht *sind*. Es geht lediglich um Umstände und Bedingungen in unserem Leben. Das ist alles! Zwischen der Aussage »Ich habe etwas getan« und dem »Ich bin« besteht ein himmelweiter Unterschied. Diese einfache Unterscheidung stellt den ersten Schritt dazu dar, unempfindlicher gegen Scham zu werden: Wir löschen also die Worte »Ich bin«.

Klar, Sie haben sicher schon Dummheiten angestellt. Wer hat das nicht? Aber das heißt nicht, dass Sie dumm sind. Okay, es trifft vielleicht zu, dass Sie ein paar unvorteilhafte finanzielle Entscheidungen getroffen haben (wer hat das nicht?) oder nicht zugegriffen haben, als Sie durch etwas Ihr Leben hätten verbessern können, aber das macht Sie nicht zu einem Versager. Es bedeutet lediglich, dass Sie zu jenem Zeitpunkt halt so gehandelt haben.

Man kann sich ganz leicht für einen schlechten Menschen halten, weil man sich auf gewisse Weise benommen hat, aber wir sind nicht mit unserem Verhalten identisch. Wir haben bloß ein gewisses Verhalten an den Tag gelegt. Und dafür gibt es viele Gründe. Vielleicht haben wir im Leben viele Verletzungen erlitten, und vielleicht kennen wir es nicht anders. Vielleicht haben wir nie gelernt, anders mit unseren Mitmenschen umzugehen. Die Unterscheidung zwischen Identität und Verhalten erlaubt uns, uns selbst zu akzeptieren, aber gleichzeitig immer noch zu ändern, wie wir uns der Welt darstellen.

FITNESSTRAINING FÜR SELBSTLIEBE:
Löschen Sie die Worte »Ich bin«

- ❖ Stellen Sie eine Liste all der Dinge auf, für die Sie sich schämen. Die obigen Beispiele liefern Ihnen vielleicht Anregungen, aber vielleicht geht es auch um etwas Persönlicheres und für Sie Spezielles.

- ❖ Und nun schreiben Sie jeden Punkt auf Ihrer Liste in der folgenden Form auf:
  1. Es stimmt nicht, dass ich ... (Schamgegenstand)
  2. In Wirklichkeit ... (beschreiben Sie, was Sie taten oder wie Sie sich dabei empfanden)
  3. Das bedeutet nicht, dass ich ... (Schamgegenstand)
  4. Es war vielmehr ... (positive Erklärung)
  5. Ich bin ... (Gegenteil)

Hier ein paar Beispiele aus meinen Workshops, um Ihnen auf die Sprünge zu helfen:

(1) Es stimmt nicht, dass ich dumm bin. (2) In Wirklichkeit habe ich bloß ein paar Sachen gemacht, die manche vielleicht für dumm halten. (3) Das bedeutet aber nicht, dass ich grundsätzlich dumm bin. (4) Ich habe vielmehr in meinem Leben manche kluge Entscheidung getroffen. (5) Ich bin intelligent.

(1) Es stimmt nicht, dass ich schlecht mit Geld umgehe. (2) In Wirklichkeit habe ich bloß ein paar Entscheidungen getroffen, die nicht so gut verliefen, wie ich gehofft hatte. Wem passiert das nicht manchmal? (3) Das heißt nicht, dass ich nicht mit Geld umgehen kann. (4) Ich habe sogar ein paar sehr gute finanzielle Entscheidungen in meinem Leben getroffen, auch wenn sie nicht sehr wichtig waren. (5) In Wirklichkeit kann ich gut mit Geld umgehen.

Es fällt hier auf, dass diese Person bei Teil 5 schreibt: »In Wirklichkeit ...« Das entspricht eher dem hier gebrauchten Stil.

(1) Es stimmt nicht, dass ich dick bin. (2) In Wirklichkeit liegt das nur daran, wie ich mich sehe. In anderen Ländern würde meine Figur gefeiert werden. Das Körpergewicht ist eine Frage der Wahrnehmung. (3) Das bedeutet nicht, dass ich unzulänglich bin. (4) In Wirklichkeit finden manche Menschen mich schön. (5) Von jetzt an werde ich meine Schönheit feiern.

Bei diesem Beispiel lesen wir statt des »Ich bin ...« in Teil 5, was diese Frau von nun an zu tun beabsichtigt. Sie fühlte sich nicht wohl mit der Definition, nicht dick zu sein. Sie begriff und akzeptierte, dass die Figur eine Frage der Wahrnehmung ist, und das half ihr sehr, aber es fühlte sich für sie falsch an, zu sagen, dass sie normalgewichtig oder gar schlank sei. Der Gedanke jedoch, ihre eigene Schönheit zu feiern, gab ihr innere Kraft und Entschiedenheit. Andere Teilnehmer schrieben: »Ich bin so schön, wie ich bin«, oder »Ich bin perfekt, so wie ich bin« oder Ähnliches.

- ❖ Lesen Sie täglich Ihre Aussagen durch, bis Sie erkennen, dass sich die Wahrheit in Ihrem Kopf verankert hat.

- ❖ Fügen Sie Ihrer Liste weitere Schamgefühle hinzu und arbeiten Sie diese auf gleiche Weise auf.

Dies ist eine weitere Übung, um neue Überzeugungen in Ihrem Gehirn zu verankern. Auch wenn Sie schon nach der ersten Lektion das Gefühl haben, einen Durchbruch zu erzielen, lesen Sie Ihre Antworten noch ein paar Tage lang täglich durch. Falls das hilft, schreiben Sie diese wiederholt auf, um das neuronale Netzwerk weiter zu stärken.

Vier Schritte gegen die Scham

Wir können auch einen kleinen Trick der Neurobiologie anwenden, um gegen Scham widerstandsfähiger zu werden. Das Schamgefühl aktiviert die Reaktion »Flüchten oder Kämpfen« in unserem Hirn. Es geht letztendlich um Selbsterhaltung. Dabei konzentriert sich alles auf die Stressbereiche im Gehirn, und es kann schwierig werden, klar zu denken, eine Perspektive einzunehmen und ehrlich gegenüber anderen auszudrücken, was wir denken oder fühlen … wir sind vielleicht nicht einmal in der Lage, ehrlich zu uns selbst zu sein.

Der Trick besteht darin, dies zu erkennen und zu begreifen. Dann können wir das Gehirn sanft dazu bringen, dass wir uns stattdessen anders verhalten.

Mit diesen Gedanken im Hinterkopf beginnen wir die vier Schritte zur Abwehr von Scham.

Schritt 1: Stress durch Erkenntnisse auflösen

Meine Mutter hat jahrelang unter Panikattacken gelitten. Sie sagte mir einmal, sie habe eigentlich nicht so sehr Angst vor der eigentlichen Attacke, sondern davor, dass die Panikattacke einsetzen würde, besonders in der Öffentlichkeit. Und genau diese Angst hat die Attacken oft ausgelöst.

Sie sagte auch einmal, wenn sie wüsste, dass jeder im Supermarkt unter Panikattacken litt, dann würde sie sie nicht so oft erleben. Sie würde sich in der Erkenntnis entspannen, dass es in Ordnung wäre, eine solche Attacke zu erleiden. Mit anderen Worten, die Möglichkeit, keine Panikattacke zu haben, war als *Gedanke* präsent.

Mit Scham verhält es sich ähnlich. Wenn man versucht, der Scham zu widerstehen, erlebt man das Gefühl stärker. Scham gibt uns den Eindruck, minderwertig zu sein. Es erscheint als ein sehr persönliches Gefühl. Aber wenn wir wüssten, dass alle anderen Menschen sich ganz genauso fühlten, würde dies die Scham schwächen. Dann würde im Gehirn nicht die Reaktion »Flüchten oder Kämpfen« ausgelöst, und wir würden uns ein kleines bisschen entspannen.

Schamgefühle sind normal, sie sind eines der natürlichsten Dinge am Menschsein. Jeder kennt sie. Jeder! Nur haben die meisten Menschen Angst, dies zuzugeben. Sie haben Angst, dann nicht mehr akzeptiert zu werden.

Schritt 2: Löschen Sie die Worte »Ich bin …«

Diese Übung, wie man rational mit Scham umgeht, haben Sie weiter oben gelernt. Es ist außerdem eine Übung in Mitgefühl für sich selbst, was wir weiter unten behandeln werden. Sobald Sie sich nicht mehr durch Ihre Handlungen und Ihr Aussehen definieren, verstehen Sie sich selbst besser. Mitgefühl mit sich selbst ist eine natürliche Folge hiervon.

Ein Kernbereich im Gehirn für Empathie und Mitgefühl ist die *Insula*. Sie liegt ungefähr zwischen den Überlebenszentren, die bei Stress und Scham aktiv werden, und dem präfrontalen Cortex, dem Bereich, der für Konzentration zuständig ist und uns hilft, uns aufs Weiterkommen zu fokussieren. Wenn wir die Worte »Ich bin« löschen, fördert dies Empathie und Mitgefühl und hilft uns, nicht nur zu überleben, sondern uns zu entfalten.

Schritt 3: Tanzen Sie die Scham fort

Dieser Schritt kann großen Spaß machen. Hierbei tanzen wir die Scham einfach fort.

Ich wende bei vielen Problemen einen »Siegestanz« an, und so auch bei der Scham. Es hilft, die Energien und Ressourcen im Gehirn von den Überlebensbereichen für Kämpfen oder Flüchten abzuziehen und in Empathie und in Bereiche für komplexere Denkprozesse wie den Cortex umzuleiten.

Man kann diese Strategie auf zwei unterschiedliche Weisen anwenden:

1. Nach Abschluss der Übung »Löschen Sie die Worte: … ›Ich bin‹« machen Sie ein paar Tanzschritte und entwickeln einen regelrechten Siegestanz, um das zu feiern. Benehmen Sie sich so locker und positiv wie möglich. Dies trägt auch dazu bei,

die neuen Erkenntnisse positiv zu besetzen und die Gehirnenergien zum präfrontalen Cortex umzuleiten.

2. Wenn Sie sich für etwas schämen und sich geistig nicht stabil genug fühlen, um den Stress durch eine Erkenntnis aufzulösen oder die Worte »Ich bin ...« auszulöschen, dann machen Sie ein paar wilde, alberne Tanzschrittchen. Die Bewegungen brauchen nicht allzu verrückt zu sein, aber machen Sie so lange weiter, bis Sie entweder lachen oder strahlend lächeln. Glauben Sie mir, wenn Ihr Tanz ausgelassen genug ist, dann dauert dies nicht lange. Dazu möchte ich einen kleinen logistischen Rat geben: Machen Sie diese Übung, wenn Sie allein sind. Sperren Sie die Haustür ab und ziehen Sie die Vorhänge zu!

In meinem Buch *Achte auf Deine Gefühle* (a.a.O.) erzähle ich die Geschichte, wie ich einmal bei einem ausgelassenen Siegestanz erwischt wurde. Das war eigentlich sehr peinlich, aber komischerweise half mir genau dieser Tanz, die zu erwartende Scham zu überwinden. Vermutlich wollen Sie die Geschichte jetzt hören? Nun, ich ging jeden Morgen um Viertel vor sieben den gleichen Weg zu meinem »Büro« – einem der Coffeeshops in der Nähe, in denen ich meinen Laptop aufstellen konnte. Etwa fünf Minuten von meinem Haus entfernt befinden sich zwei miteinander verbundene Unterführungen an einer großen Kreuzung. Ich hatte mir angewöhnt, immer ein paar Schrittchen zu tanzen, während ich hindurchlief, denn um diese frühe Morgenstunde begegnete ich hier nur selten jemandem. Außerdem tanze ich immer nur ein paar Sekunden lang.

An diesem bestimmten Morgen verlor ich mich jedoch in den Bewegungen und tanzte die gesamten Unterführungen entlang. Ich hatte die Augen geschlossen und war so vertieft, dass ich nichts um mich her wahrnahm.

Als ich am Ende der zweiten Unterführung die Augen wieder öffnete, blickte ich in die verständnislosen Gesichter einer Gruppe Bauarbeiter. Sie standen völlig verdutzt vor mir.

Wie ich schon erwähnte, verlagert das Gehirn in Augenblicken höchster Verlegenheit und Scham alle Ressourcen, um entweder zu kämpfen oder zu fliehen. Das rationale Denken wird reduziert. Sie wissen vielleicht, dass man in solchen Augenblicken oft etwas sehr Dummes von sich gibt. Ich reagierte entsprechend. Das einzige, was mir einfiel, war, so zu tun, als würde mein Handy klingeln. Aber ich hatte kein Handy dabei. So sprach ich sehr laut mit einer fiktiven Person in meine Hand.

Dieses Verhalten verstärkte bloß die Überzeugung der Bauarbeiter, dass ich völlig verrückt war. Ich konnte es ihnen kaum vorwerfen, denn sie hatten mich vor einem Augenblick noch dabei beobachtet, wie ich ganz allein vor mich hin tanzte.

Sicher erwarten Sie inzwischen, dass dieser Siegestanz mir auch geholfen hat, die Scham zu überwinden? Ich erinnere mich gut an die Gedanken und Gefühle, wenn ich diese Szene wieder vor dem inneren Auge ablaufen lasse. Doch sobald ich vor Verlegenheit fast in mich zusammenkrieche, setze ich in Gedanken wieder zu meinem Siegestanz an. Das brauche ich nur zehn Mal hintereinander zu machen, um das Ganze amüsant zu finden. Die Energie dieses Siegestanzes half mir sehr schnell, Verlegenheit in ein Lächeln umzuwandeln.

Entwickeln Sie daher Ihre eigenen Siegestanzschritte und üben Sie. Machen Sie das zehn Mal hintereinander, entweder in einem Moment von Schamgefühl oder anschließend in der Ungestörtheit zu Hause. Beim vierten oder fünften Mal werden Sie es schon viel schwerer finden, sich auf die peinlichen Gedanken und Gefühle zu konzentrieren. Denn Ihr Gehirn hat bereits gelernt, die Energien fort von den Stressbereichen in positive Bereiche zu lenken. Machen Sie aber auf jeden Fall weiter. Wiederholung ist wie immer das Schlüsselwort, wenn es um eine neue Vernetzung im Gehirn geht.

Irgendwie wirkt es auch wie eine Schnell-Therapie. Psychotherapie wirkt ja auf der neurologischen Ebene, indem wir eine Erinnerung von einer positiveren, mehr erwachsenen Perspektive aus betrachten. Sie beruht zwar auf Gesprächen, aber die Therapie wirkt teilweise dadurch, dass wir durch das Sprechen unsere Gehirnvernetzungen nicht mehr mit Stress und Negativität verbinden, sondern mit einem positiveren Netzwerk von Erkenntnissen und Gefühlen. Grundsätzlich verlagert dies die Ressourcen von den Stressbereichen zum präfrontalen Cortex.

Schritt 4: Kontakte suchen

Es ist durchaus in Ordnung, dass man sich ab und zu verlegen oder beschämt fühlt. Jeder empfindet das irgendwann einmal. Wenn wir uns aber anderen öffnen, können wir diese Gefühle besser bewältigen und auch dem Gegenüber die Gelegenheit geben, mitfühlend zu reagieren und uns gegenüber ehrlich zu sein.

Offenheit und Kontakte mit anderen können wahre Wunder bewirken. Im gleichen Augenblick, in dem wir einem anderen Menschen mitteilen, wie wir uns fühlen oder was wir empfunden haben, ob der andere nun ein Freund ist, ein geliebter Mensch oder eine Gruppe, wir fühlen uns sofort angenommen. Aufgrund dieser Verbundenheit erkennen wir dann, dass wir gut genug sind.

Hier nun die Zusammenfassung der vier Schritte zur Schambewältigung:

1. Stress durch Erkenntnisse auflösen
2. Das »Ich bin …« löschen
3. Die Scham forttanzen
4. Kontakte suchen.

Der Schrumpfprozess

Eines der vielen Dinge, die Oscar mir beigebracht hat, war, mich selbst nicht mehr so ernst zu nehmen. Denn er hat ein paar ziemlich dumme Sachen veranstaltet. Er ist in Löcher gefallen, hat einen Salto geschlagen, als er im vollen Lauf einen Tennisball schnappen wollte, ist vor fahrende Autos gerannt, hat einen Parkwächter angesprungen und versucht, dessen »Stöckchen« zu klauen, er hat mich, als er einen Vogel entdeckte, durch ein sehr stachliges Gebüsch geschleift – zur großen Belustigung der Leute im Park, die das zufällig mitbekamen – und vieles andere mehr. Bei den Übungskursen für Junghunde nannte der Trainer ihn »Marley«, nach dem Film *Marley & Me*, der von einem anderen verrückten Labrador handelt.

Wäre Oscar ein Mensch, er wäre diese Zwischenfälle in Gedanken noch lange Zeit später immer wieder durchgegangen, um allmählich immer tiefer in Verlegenheit und Scham zu versinken. Er hätte gedacht: *Ich kann es kaum glauben, dass ich das getan habe. Und das vor anderen Leuten! Oh, was für eine Schande!*

Aber Oscar empfindet keine Scham. Er wird jeden Morgen mit einem breiten Grinsen wach und wedelt lebhaft mit dem Schwanz, sobald er Elizabeth oder mich sieht. Der vergangene Tag ist vorbei. Der neue Tag hat gerade angefangen und wird gut, denn er sieht sich schon nach Spielzeug um, das er vielleicht kaputt machen kann, oder er denkt sich wieder einen neuen Streich aus.

Wir sollten mehr wie Oscar sein. Ich meine damit nicht, dass wir vor fahrende Autos rennen oder uns auf Parkwächter stürzen sollten, aber wir könnten ab und zu unsere tagtägliche Routine hinter uns lassen. So viel von unserem Stress beruht einzig und allein auf unserer Wahrnehmung von uns selbst und wie andere Menschen vielleicht über uns denken. Wir verbinden unsere

Identität und unseren Selbstwert mit bestimmten Ereignissen, und wenn diese sich nicht so entwickeln wie geplant, dann verurteilen wir uns. »Ich bin so …!«

Oscar hat mir beigebracht, alles leichter zu nehmen. Ja, ich kann immer noch ziemlichen Mist bauen. Aber trifft das nicht auf uns alle zu? Und ich mache das ja nicht ununterbrochen … Es heißt also nicht, dass ich blöd bin. Es bedeutet bloß, ein normaler Mensch zu sein.

Für Oscar spielen die scheinbar peinlichen oder unangenehmen Augenblicke kaum eine Rolle. Hier können wir uns ein Beispiel nehmen, und so eröffnet sich ein weiterer Weg, unangenehme Schamgefühle zu vermeiden. Und das geht so:

FITNESSTRAINING FÜR SELBSTLIEBE: *Lassen Sie es schrumpfen*

Wie Sie bereits wissen, kann das Gehirn nicht zwischen Realität und Fantasie unterscheiden. Denken Sie nun an ein Ereignis, das Ihnen sehr peinlich war. Und jetzt lassen Sie es schrumpfen! Ernsthaft! Stellen Sie sich vor, wie es immer kleiner wird. Man kann die Hände einsetzen, um es zu verringern. Stellen Sie sich vor, wie die Szene immer weiter schrumpft, bis sie ganz unscheinbar geworden ist. Verringern Sie auch die Geräusche, bis es sich kaum lauter anhört als ein fernes Quieken. Ihr Gehirn deutet das so, als würde das Ereignis nun wirklich unbedeutend.

Bedeutsame Ereignisse nehmen in unserer Erinnerung viel Raum ein. Sie werden als wahr empfunden, und wir können uns an die kleinsten Einzelheiten erinnern, an die Farben und die Geräusche. An weniger wichtige Ereignisse kann man sich nicht so deutlich erinnern. Je präsenter ein Ereignis in Ihrer Erinnerung ist, umso mehr bedeutet es Ihnen.

Lassen Sie also Ihre schamvollen Erinnerungen im Kopf schrumpfen. Nicht, dass Sie sie nun ignorieren. Sie tun nicht so, als sei das peinliche Ereignis nie passiert: Sie lehren Ihr Gehirn bloß, dass es Ihnen ab jetzt weniger wichtig ist.

Vielleicht müssen Sie dies bei einem bestimmten Ereignis mehrere Male vornehmen. Aber mit jedem Mal verliert es an emotionaler Wirkung.

Gut genug, ohne perfekt zu sein

Scham entsteht manchmal aufgrund von Perfektionismus. Perfektionismus wird definiert als »die Neigung, sich extrem hohe Maßstäbe zu setzen, starr an diesen Maßstäben festzuhalten und sich überkritisch selbst einzuschätzen«. Im ungesunden Extremfall entsteht eine Schwarz-Weiß-Sicht, eine Alles-oder-Nichts-Mentalität. Es geht ständig um Gewinnen oder Verlieren. Perfektionismus ist das perfekte Rezept für Unzufriedenheit, niedrige Selbstachtung und Depressionen.

Verstehen Sie mich nicht falsch – Perfektionismus kann auch gesund sein. Manche Perfektionisten streben lediglich nach ausgezeichneten Leistungen. Aber wenn der Perfektionismus aus der Überzeugung entsteht, dass man nicht akzeptiert wird, wenn man nicht perfekt ist, dann resultiert jeder Versuch, perfekt zu sein, in der Schlussfolgerung: »Ich werde gut genug sein, wenn ich nur …« Und jedes Mal, wenn wir dieses »wenn …« definieren, schieben wir es weiter von uns. Das »Gut genug sein« wird zum unerreichbaren Ziel.

Perfektionisten sind meist überempfindlich, was die Meinung anderer anbelangt. Daher halten sie oft ihre Arbeitsergebnisse zurück, solange sie sie nicht als perfekt empfinden. »Es muss noch ein bisschen besser werden, bevor ich es vorstellen kann«, lautet ein weitverbreitetes Mantra. In Wirklichkeit aber heißt dies: »*Ich* muss noch ein bisschen besser werden, ehe ich *mich selbst* zeigen kann.«

Perfektionisten halten ihre Arbeitsleistungen zurück, weil sie denken, dass andere diese ebenso kritisch bewerten werden, wie sie selbst es tun. Sie nehmen an, dass alle anderen die gleichen Mängel, Fehler, Schwächen und Unzulänglichkeiten erkennen können, die sie bei sich selbst sehen.

Das verhindert, dass sie überhaupt wahrgenommen werden. Es verhindert ihren Erfolg. Ihr Perfektionismus sorgt dafür, dass sie weniger mit allem verbunden sind. Sie ziehen sich von der Welt zurück … und gleichzeitig schrumpft ihr Selbstwertgefühl.

Viele Menschen, die dieses Buch lesen, sind vermutlich keine Perfektionisten, aber wenn dies auf Sie zutrifft, dann schreiben Sie bitte die folgende Affirmation auf:

> *»Ich bestehe nicht aus meinen Leistungen und Ergebnissen. Egal, ob ich gewinne oder verliere, Erfolg habe oder scheitere, die Wahrheit lautet, dass ich stets gut genug bin.«*

Sie werden überrascht sein, wie nützlich solche Affirmationen sein können. Grund dafür ist, dass sie einem helfen, eine Absicht klarer zu formulieren.

Im weiteren Verlauf Ihres Selbstliebe-Projekts werden Sie feststellen, dass Ihr ungesunder Perfektionismus langsam abnimmt. Gesunder Perfektionismus bleibt erhalten, denn Sie streben vielleicht bewusst nach ausgezeichneten Leistungen. Vielleicht stellen Sie fest, dass Ihre Umgebung, Ihre Produkte und Ihre Schöpfungen schöner werden, als Sie es je für möglich gehalten haben, denn Sie operieren von einem anderen Standort aus. Warum versuchen Sie es nicht einfach?

Das wahre Selbst im Kontakt mit anderen

Meine enge Freundin Margaret und ich erinnern uns gern immer wieder daran, wie es kam, dass wir uns kennenlernten. Sie hatte einer Veranstaltung beigewohnt, bei der einigen meiner Freunde und mir die Friedensflamme überreicht wurde, die wir für unsere Arbeit in der *Spirit Aid Foundation* erhielten – einer wohltätigen Organisation, die wir ins Leben gerufen hatten. Während dieser Zeremonie beschloss sie, irgendwie an mich heranzukommen. Der Zufall wollte es, dass wir ein paar Monate später bei einem Meditations-Retreat in Indien in einer Gruppe tatsächlich zusammentrafen. Wir waren die einzigen Schotten dort und schlossen sofort enge Freundschaft.

Eines der vielen Dinge, die ich von Margaret lernen durfte, war ihre Fähigkeit, mit anderen Menschen Kontakt aufzunehmen. Margaret unterhält sich mit allen und jedem. Wirklich, mit jedem! Und es spielt dabei keine Rolle, ob sie dieselbe Sprache spricht – tatsächlich findet sie immer irgendwie einen Weg, zu kommunizieren.

Nach dem Indien-Trip organisierten wir mehrere gemeinsame Workshops. Margaret war als Lach-Therapeutin ausgebildet und hatte bei einem Mann studiert, der später ihr Freund wurde, Dr. Patch Adams. Es gibt einen Film mit dem gleichen Titel, in dem Adams von dem inzwischen verstorbenen Robin Williams gespielt wird. Wir fuhren oft gemeinsam zu den Veranstaltungen, wobei sie sich für die gesamte Reise als Clown kostümierte. Ich kann Ihnen versichern, dass dies einige Blicke auf sich zog.

Einmal veranstalteten wir einen Workshop für eine große Versicherungsgesellschaft. In dem Lift, mit dem wir hinauf in die Direktorenetage fuhren, standen schon zwei Männer in grauen Anzügen. Sie senkten sofort den Blick und starrten zu Boden – vermutlich, weil Margaret wieder ihr Clown-Kostüm trug.

Doch mir wurde ebenfalls unbehaglich zumute, als Margaret mit ihnen zu reden begann. Die beiden signalisierten eindeutig, dass sie keinen Kontakt wollten. Sie fanden den Boden offensichtlich viel interessanter. Margaret ließ jedoch nicht locker und zerrte sie immer weiter aus ihrem Wohlfühlbereich heraus.

»Was finden Sie denn an dem Boden hier so interessant?«, fragte sie. »Warum reden die Leute in Fahrstühlen nie miteinander? Unterhalten wir uns. Erzählen Sie mir ein bisschen über sich selbst.« Ihre Worte klangen spielerisch, aber durchaus freundlich. Mir war das Ganze ziemlich peinlich. Die Sätze schienen ebenso an mich gerichtet wie an diese beiden grauen Männer.

Als wir oben ankamen, waren die beiden deutlich lockerer geworden. Einer, der ein wenig rot angelaufen war, löste seine Krawatte, als er auf den Flur trat. Beide lächelten, als wir auseinandergingen. Was Margaret anbetraf, so hatte sie ihr Ziel erreicht. Die beiden hatten die Fahrt im Aufzug eindeutig genossen. Es war etwas Unerwartetes passiert, das in ihrem Leben wie eine frische Brise gewirkt hatte.

Auch für mich war das eine gute Lektion gewesen. Ohne Margaret hätte ich die 30 Stockwerke im Lift ebenfalls schweigend und auf den Boden starrend hinter mich gebracht. Und warum? Weil es mir peinlich gewesen wäre, etwas zu sagen. Weil ich gar nicht gewusst hätte, was ich hätte sagen können, und weil ich ohnehin davon ausgegangen wäre, dass niemand im Aufzug eine Unterhaltung mit mir wünschte. Ich hätte mich peinlich berührt, verletzlich oder schwach gefühlt ... ich könnte noch so manches aufzählen. Erkennen Sie diese Gefühle und Gedanken?

Selbst wenn sich uns ständig Gelegenheiten bieten, mit anderen Kontakt aufzunehmen, halten wir uns lieber zurück, weil wir denken, unser wahres Selbst würde von anderen nicht akzeptiert. Aber Kontakt ist etwas, das wir alle aufgrund unserer menschlichen Natur herbeisehnen. Was spielt sich hier ab?

Man kann das in einer Gleichung ausdrücken:

Ich halte mich teilweise zurück = dann habe ich Kontakt = ich werde wissen, dass ich gut genug bin.

In Wirklichkeit spielt es sich aber so ab:

Ich halte mich teilweise zurück = echter Kontakt ist nicht möglich = ich bestätige mir, dass ich nicht *gut genug bin.*

Hier bietet sich also eine einfache Lösung an. Wirklich einfach! Das ist sie:

Treten Sie vor und nehmen Kontakt mit anderen Menschen auf. Und geben Sie sich, wie Sie wirklich sind.

Margaret hat mir bewusst vorgemacht, wie man mit anderen Menschen in Kontakt kommt, und das hat für mein Leben einen echten Unterschied bedeutet. Falls ich mich jemals allein fühlen sollte, brauche ich nicht allein zu bleiben. Ich kann ausgehen und Kontakt mit anderen Menschen aufnehmen. Ein paarmal in meinem Leben habe ich an einer Depression gelitten. Kontakte mit anderen haben mir da herausgeholfen. Kontakte führen einen wieder ins Leben zurück.

Warten Sie daher nicht, bis sich solche Kontakte von selbst ergeben. Reden Sie mit anderen Menschen, interagieren Sie mit anderen in Läden, Supermärkten, auf der Straße. Reden Sie mit Ihren Nachbarn. Reden Sie mit dem Briefträger. Lernen Sie neue Menschen kennen. Treten Sie einer Gruppe oder einem Club bei. Arbeiten Sie als Freiwillige/-r in einer wohltätigen Organisation. Machen Sie einen Kurs. Lernen Sie tanzen. Lernen Sie eine Sprache. Entschließen Sie sich, mit anderen Menschen Kontakt aufzunehmen. Setzen Sie sich das als Ziel und verfolgen es dann stetig. Und drücken Sie dabei Ihr wahres Selbst aus, so, wie Sie wirklich sind. Sobald Sie das anfangen, fühlen Sie sich schon mit anderen verbunden.

Und weil Kontakte einen mit anderen verbinden, und zwar im Zustand, gut genug zu sein, lernen Sie auch allmählich, dass Sie tatsächlich gut genug sind.

• • • • • • • • • • • • •

Zusammengefasst heißt das ... jeder empfindet Schamgefühle. Es ist eine normale, menschliche Empfindung. Es hat wenig Sinn, sich dagegen zu wehren, genauso wenig wie bei gelegentlicher Traurigkeit. Aber wir können lernen, widerstandsfähiger gegenüber Schamgefühlen zu werden, so, wie wir auch lernen können, Traurigkeit rasch hinter uns zu lassen.

Wir lernen, gegen Schamgefühle unempfindlicher zu werden, indem wir als Erstes akzeptieren, dass wir mit diesem Gefühl nicht allein sind. Ein Teil dessen, was Scham so unangenehm macht, ist der Gedanke, dass sie einen persönlich trifft.

Der zweite Schritt bedeutet zu lernen, wie man die Worte »Ich bin ...« löscht, um unsere Identität von unserem Verhalten zu trennen. Indem wir beispielsweise den Satz »Ich bin dumm« umformulieren zu »Ich habe etwas Dummes getan«. Diese einfache Umwandlung macht Hoffnung, denn wir lassen den Gedanken, grundsätzlich fehlerhaft zu sein, hinter uns und identifizieren vielmehr ein Verhalten, das wir ändern können.

Der dritte Schritt benutzt einen kleinen Trick der Neurobiologie, indem wir die Ressourcen im Gehirn von den Überlebensbereichen abziehen und in den Cortex umleiten – mit anderen Worten: Tanzen Sie!

Der vierte Schritt, um gegen Scham unempfindlicher zu werden, heißt, aus sich herauszugehen und Kontakt mit anderen Menschen zu suchen, aber dabei ehrlich und authentisch zu bleiben. Das schafft Verbindungen – und Selbstliebe – und ist eine echte Chance für inneres Wachstum.

7. Kapitel

Das Körperbild

»Der Grund für unsere Unsicherheit ist, dass wir unser eigenes privates Szenarium mit den Hochglanzbildern aller anderen vergleichen.«

STEVE FURTICK

»Ich kann nur glücklich sein, wenn ich von diesem Augenblick an voll akzeptiere, wie ich aussehe.«

Das waren die Worte einer jungen Frau bei einem meiner »Ich liebe mich«-Workshops. Sie sprach über den Druck vieler junger Frauen, schlank zu sein, eine reine Haut und schmale Hüften zu haben. Sie sagte, dieser Druck würde große Unzufriedenheit erzeugen.

»Zu akzeptieren, wie ich aussehe, ist meine einzige Hoffnung«, erklärte sie. »Ich werde nie perfekt aussehen, daher hat es wenig Sinn, es auch nur zu versuchen. Wenn ich mich ständig nach einem bestimmten Idealbild richte, werde ich immer unzufriedener mit meinem tatsächlichen Aussehen.«

Bei ihren Worten nickten verschiedene andere Teilnehmer des Workshops. Einer versuchte sie aufzumuntern, indem er sagte, sie sei doch ganz hübsch.

»Du verstehst mich nicht«, erwiderte sie. »Ich möchte, dass es mir völlig egal ist, ob ich hübsch bin oder nicht. Ich möchte, dass ich mich so, wie ich bin, leiden mag.« Klingt das vertraut? Diesen Wunsch haben wir wohl alle: uns selbst so zu mögen (nicht einmal lieben, nur mögen), wie wir sind. Dann wären wir frei.

»Wie gelingt einem das?«, fragte eine andere Teilnehmerin. »Wie kommt man dahin, sich zu mögen, wenn die anderen einen ablehnen? Ich bin dick«, sagte sie und streckte die Arme aus, um ihren Leibesumfang zu beschreiben. »Und jeder weiß doch, dass das nicht schön ist.«

Jemand anderer warf ein. »Du musst das finden, was an dir schön ist.«

Da kamen der Frau die Tränen. Es war für sie einfach nicht möglich, irgendetwas an sich zu finden, das sie schön fand.

Leider ist das ein weitverbreitetes Gefühl. Ich bin vielen Menschen begegnet, die einfach nichts an sich wirklich mochten.

Mit dieser Sicht auf sich selbst empfindet man es als ungeheuer schwer, sich selbst lieben zu lernen. Es ist, als stünde man am Fuß eines viel zu hohen Berges. Aber wie bei allen Bergen beginnt der Aufstieg mit einem kleinen Schritt. Ich möchte hier ein paar kleine Schritte vorstellen, die vielleicht nach und nach ändern, wie Sie über Ihren Körper denken.

Fühlen Sie sich wohl in Ihrer Haut

Die meisten Frauen haben irgendwann einmal eine Diät gemacht, um ihr Gewicht zu reduzieren. In Großbritannien schätzt man diesen Anteil auf 87 Prozent,[1] in Deutschland sind es angeblich 52 Prozent.[2] Ich habe drei Schwestern, und jede von ihnen hat bereits zahlreiche Diäten ausprobiert, ebenso wie meine Mutter. Wenn man nach dem Grund fragt, geben die meisten Frauen an, dass sie schlank sein wollen, um so ihr Selbstbewusstsein und ihr Selbstwertgefühl zu stärken. Meine Mutter würde das Gleiche sagen.

Das Körperbild ist tatsächlich der größte Faktor für Schamgefühle. Ob man sich wegen seines Gewichts schämt, wegen der Schenkel, des Bauchs und der Brüste (bei Frauen), der Penisgröße, Körperbehaarung und Kahlköpfigkeit (bei Männern) oder wegen eines anderen (scheinbaren) Makels – die meisten Menschen finden irgendetwas an ihrem Körper unschön oder gar peinlich und würden mindestens einen Körperteil sehr gern verändern.

Es überrascht wohl kaum, dass Scham auch bei Essstörungen eine außerordentlich wichtige Rolle spielt. In einer Forschungsstudie von 2014 verglichen die Wissenschaftler 46 Personen, die unter einer Essstörung litten, mit 50 gesunden Teilnehmern und weiteren 22 Personen, die von einer Essstörung geheilt worden waren. Diejenigen mit der Essstörung erlebten die stärksten Schamgefühle.[3]

Auch bei denjenigen, die eine Essstörung bewältigt hatten, waren Schamgefühle stärker ausgeprägt als bei den gesunden Teilnehmern, was nahelegt, dass sie es zwar irgendwie geschafft hatten, sich zu erholen, aber das eigentliche Problem dadurch nicht beseitigt worden war. Das ist auch ein Grund, warum viele nach einer Diät sofort wieder in ihr altes Essmuster zurückfallen, erneut zunehmen und kurze Zeit später die nächste Kur anfangen. Eine Diät hilft uns vielleicht, Gewicht zu verlieren, aber wenn wir nicht gleichzeitig das Problem der Scham- und Selbstwertgefühle angehen, besteht eine hohe Wahrscheinlichkeit, dass wir das neue Gewicht nicht halten können.

Wenn wir lernen, uns selbst zu lieben, dann lernen wir gleichzeitig, uns wohl in unserer Haut zu fühlen, genau so, wie wir sind. Das bedeutet nicht, dass wir uns überhaupt nicht mehr ändern wollen. Selbstliebe inspiriert vielmehr dazu, positive, gesunde Änderungen vorzunehmen.

Meine Partnerin, Elizabeth Caprioni, ist Schauspielerin und Filmemacherin. Sie weiß über den Druck, dem Frauen ausgesetzt sind, sehr gut Bescheid und nahm einmal an einem Wettbewerb für die Verbreitung von positiven Körperbildern teil. Er gehörte zu einer Kampagne mit Namen »Body Gossip«, eine Idee der Schauspielerin Ruth Rogers.

In Elizabeths kurzem Monolog/Gedicht geht es um die Verwandlung vom Stadium des »Nicht-gut-genug-Seins« über die Phase des »Ich-habe-genug« bis zum Zustand des »Gut-genug-seins«. Es geht darum, mit sich selbst im Reinen zu sein. Ihr Beitrag gehörte zu den besten und wurde später überall in Großbritannien von Prominenten vor Publikum vorgetragen. Sie können sich eine der Aufführungen auf YouTube ansehen.[4]

Das hier ist das Gedicht:

Mokka Choca Latte, Yah Yah … Yeah!

Einen Dekaff Mokka Latte Extra Mager bitte.
Das betont den Busen und macht die Taille fitter.

Denn der Riesenbusen allein, der gilt als toll,
Sonst rasten alle aus und nehmen dich nicht für voll.

Die Pappas schossen ein Foto von mir
Und brüllten dann laut: Du fettes Tier!

In Panik rannte ich zum Fitnesstrainer
Und flehte ihn an: »Mach mich bitte viel schöner!«

Zwei Wochen lang vergoss ich Tränen und Schweiß,
Arsch, Schenkel und Arme wurden wie auf Geheiß.

Aus Milch wurde Soja, aus Steak wurde Fisch,
Die Pfunde verschwanden, ich saß nie mehr am Tisch.

Mein Trainer wurde zum Helden für mich.
Drei Größen weniger – das war nicht mehr ich.

Ich fühlte mich spitze, erschien zur Premiere – meine erste Handlung
Und erwartete Kommentare wie »Oh, was für eine großartige Wandlung!«

Aber das kam nicht, und stattdessen hieß es nun:
»Sie ist dürr wie eine Hexe!« Was soll man da tun?

Ich war geschockt und verwirrt – ja, was wollt ihr von mir?
Ich dachte, jetzt regnet's Komplimente dafür.

Erst macht ihr mich runter von wegen zu fett,
Nun bin ich zu dünn – na, das ist nicht nett.

Junge Mädchen hungern, um wie ich zu sein,
Doch wie ich wirklich aussehe, weiß nur ich allein.

Denn ich hab Pickel und Rollen und Kurven wie ihr,
Und wenn ihr das sehen könntet, dann würdet ihr

Die Welt verändern und wir wären frei
Ohne Hungerdiäten und das ganze Geschrei.

Die Kleidergröße wäre nicht mehr wichtig,
Ihr seid, wie ihr seid, und das ist richtig.

Man sagt, dass wir alle schön sein können,
Ohne uns ständig selbst zu verrennen:

Wer ist fitter, hübscher und magerer?
Doch damit soll Schluss sein, das sagen wir!

Ich will kein Skelett sein, ich höre lieber auf,
Und lasse den Röllchen und Polstern ihren Lauf.

Ich freu mich, wenn ich mich im Spiegel erblick!
Ich bin schön, und keineswegs zu dick.

Ach, was habe ich bestellt … was war es nur?
Einen Vollmilch-Latte … und ein Stück Kuchen pur.

Gesunde Ernährung mit Köstlichkeiten,
Das können wir uns alle selbst bereiten.

Und wenn schon, die Cellulite am Bein …
Auf den Blödsinn falle ich nicht mehr herein.

Ich bin groß, schön und gut, und nicht nur dünn.
Zeit, mich zu nehmen, genau wie ich bin.

Durchschnitt oder Held?

In diesem Kapitel ging es bisher hauptsächlich um Frauen, aber Männer stehen unter ähnlichem Druck. Das ist nur weniger offensichtlich, weil nicht so viel darüber geredet wird.

In Werbung mit Männern und für Männer sind durchtrainierte Models die Norm. Zwischen 1970 und 2000 hat das durchschnittliche männliche Model in der amerikanischen Zeitschrift *Playgirl* 12 kg an Muskeln zugenommen und 5 kg Fett verloren.[5]

Genau wie Frauen und junge Mädchen Hungerkuren machen, achtet auch eine wachsende Zahl von Männern und Jungen auf ihr Gewicht – aber in umgekehrter Richtung. 2014 berichtete das Innenministerium in Großbritannien, Anabolika seien inzwischen so verbreitet, dass vermutlich an die 60 000 Männer es sich Jahr für Jahr selbst injizieren.[6] Forschungsstudien ergeben, dass ein großer Prozentsatz von männlichen Jugendlichen Anabolika einnimmt, weil sie sich für schmächtig halten. So, wie Frauen sich mit ihren Idealbildern im Internet und anderen Medien vergleichen, so machen das auch Männer und Jungen. Als Folge setzen sie sich unter Druck, muskulöser zu werden. Ähnliches gilt auch für deutsche Jugendliche.[7]

Jungen wie Mädchen, Männer wie Frauen glauben nur dann attraktiv zu sein, nur dann dazuzugehören, wenn sie ein bestimmtes Aussehen haben. Sie glauben, dass dünn und hübsch zu sein (für Mädchen/Frauen) und fit und muskulös (für Jungen/Männer) normal sei und dass jeder ausschließlich diesen Figurtyp schätzt. Sie meinen, dass jeder sie mögen und akzeptieren würde, sobald sie die ersehnte Figur erreichten, und dann endlich das Gefühl bekämen, gut genug zu sein. Bis dahin stehen sie unter Druck, ihr Körperimage zu verändern, um sich an die vermeintliche Norm anzupassen, bis sie vergessen haben, was gut an ihnen ist, und sie nur noch ihre Makel sehen. Ich weiß, wie das ist, denn ich war als Teenager genauso.

In den frühen Achtzigern war die Frisur extrem wichtig für Jungen. Meine Teenageridole waren Morten Harket von der norwegischen Band A-ha und Jason Donovan, damals noch Star in der australischen Seifenoper *Neighbours*. Beide Jungs hatten sehr gepflegte glatte Haare, die sie mit Mittelscheitel und ziemlich lang im Nacken trugen.

Ich habe Stunden damit zugebracht, meine Haare so zu stylen wie Jason. Wenn es nicht klappte, war ich völlig fertig. Wenn sie vorn nicht so fielen, wie es meiner Meinung nach sein sollte, lief ich den ganzen Tag in der Schule mit gesenktem Kopf herum, damit nur ja niemandem auffiel, wie blöd ich aussah. Ich mied jeglichen Blickkontakt, damit mich keiner ansprach. Ich konnte nur noch sehen, was nicht richtig war, und vergaß alles andere, was okay an mir war. Heute nennt man diesen Zustand Körper-Dysmorphie, wobei der Begriff aber allgemein eher auf die Körpergröße und Figur angewandt wird.

Der Druck ist heute anders als in den Achtzigern, aber es geht um das Gleiche. Jungen und Männer machen genau wie Mädchen ihren Selbstwert vom Körperbild abhängig und glauben, wenn ihr Aussehen nicht bestimmten Kriterien entspräche, würde sie niemand mögen; sie würden weder geliebt noch anziehend gefunden, noch akzeptiert.

Sei ein Mann!

Als Mann kann ich Ihnen verraten, dass wir noch unter einem anderen Druck stehen, der weniger offensichtlich ist. Wir müssen stark erscheinen, nicht nur in körperlicher Hinsicht, sondern auch emotional. Wir müssen in jeder Situation unseren »Mann stehen«.

Dieser Druck führt zu allen möglichen draufgängerischen Verhaltensweisen. Wenn wir diese Möglichkeit nicht hätten, würden wir vermutlich stattdessen die Penisgröße vergleichen. Doch in Wirklichkeit fühlen wir uns ab und zu ziemlich schwach. Für manche Männer gilt das sogar recht häufig, und zwar in allen möglichen Situationen. Wir haben Angst, aber glauben, das nicht zugeben zu dürfen. Wir fühlen uns minderwertig, wenn wir die Familie nicht so gut ernähren können, wie wir wollen, wir zweifeln an unserer sexuellen Leistung, besonders wenn wir wissen, dass unsere Partnerin vor uns schon einige Erfahrungen gesammelt hat. Wir machen uns auch Sorgen, dass wir nicht fit oder gepflegt genug aussehen, besonders wenn wir uns mit anderen Männern vergleichen und hören, dass Frauen athletisch gebaute, gepflegte Männer mögen. Außerdem ist uns öfter zum Weinen zumute, und wir wissen, dass das nicht akzeptiert wird.

Ich will hier eigentlich nicht die Illusion vieler Frauen zerstören, dass Männer eine natürliche Stärke besitzen – aber viele Männer weinen eben ab und zu. Das würden wir niemals zugeben, weder vor einer Frau noch vor anderen Männern. Da ICH natürlich ein *echter* Mann bin, rede ich selbstverständlich nicht von mir selbst … es geht mir hier nur um andere Männer, über die ich gelesen habe …

Ich kenne keinen einzigen Mann, der bei einem ersten Date sagen würde: »Ach du, gestern Abend habe ich mich mal so richtig ausgeheult. Wow, das tat gut!« Wir hätten viel zu viel Angst, dass im nächsten Moment ein Stuhl gerückt wird und sich das Objekt der Begierde auch schon zum nächsten Taxistand davonmacht …

Aber Emotionen sind für Männer ebenso natürlich wie für Frauen. Viele Männer unterdrücken ihre Gefühle, doch das hat Folgen. Die einen bleiben stumm und verbringen den Rest ihres Lebens mit dem Gefühl, dass ein Teil von ihnen abgestorben ist, die anderen werden aggressiv, das heißt, ihre Emotionen brechen sich von Zeit zu Zeit in Gestalt von völlig unangemessenem Verhalten Bahn. Aggressionen helfen, andere Gefühle zu unterdrücken.

Insgesamt richten wir uns nach einem Stereotyp. Das ist jemand, der stets stark ist, fit, gepflegt, der seine Gefühle unter Kontrolle hat, sexuell ein Feuerwerk abbrennt und außerdem gut verdient. Für Männer bedeutet Selbstliebe, dass wir uns genau so akzeptieren, wie wir sind. Das bedeutet aber nicht, dass wir uns niemals ändern wollen. Im Gegenteil, Selbstliebe inspiriert zu sehr kreativen Veränderungen.

Und das führt uns zu folgender Frage …

Sollte man Diät halten?

Eine Diät, eine Abmagerungskur verhilft uns dazu, anders auszusehen. Viele Menschen fühlen sich mit diesem neuen Körperbild viel besser. Aber wenn wir nur abnehmen, weil wir denken, wir seien sonst nicht gut genug, sorgt das Gewicht dieses Gedankens dafür, dass wir alles ganz schnell wieder zunehmen. Jedes Mal, wenn wir einen Schritt nach vorn tun, zieht es uns wie an einem Gummiband wieder zurück in Form eines unwiderstehlichen

Drangs nach einem Stück Kuchen, indem wir die Gesellschaft von Leuten suchen, die uns lieber so essen sehen wie immer (sie sind schließlich an uns so gewöhnt, nicht wahr?) usw.

Wenn wir unser Idealgewicht erreichen, motiviert durch einen Mangel an Selbstliebe, löst das neue Körperbild also das Problem nicht. Das Gefühl, nicht gut genug zu sein, sitzt so tief, dass eine Veränderung im Aussehen bloß wie ein Heftpflaster wirkt, das bei der ersten Dusche abfällt.

Um ein gesundes Gewicht beizubehalten, müssen wir unser Gehirn neu vernetzen, und zwar mit dem Gedanken: »Ich bin gut genug … *in diesem Augenblick.*«

Viele Frauen wehren sich aber gegen das Konzept von Selbstliebe, denn sie fürchten, wenn sie sich selbst schätzen, dann würde ihnen bald völlig egal sein, was andere Leute über sie denken, und ihre Figur wäre völlig im Eimer. Diese ernsthafte Sorge höre ich oft von Frauen, die meine »Ich liebe mich«-Events besuchen.

Doch in Wirklichkeit verhindert Selbstliebe keine einzige Diät. Man ist nicht plötzlich so in seinen Körper verliebt, dass einem völlig egal ist, was andere denken, sodass man sich ununterbrochen mit Kuchen und Nudeln vollstopft. Das kann natürlich passieren, aber vermutlich drückt sich so bloß kurzfristig der Zustand des »Ich habe genug!« aus.

Wenn Sie diesen Gedankenzustand »Ich habe genug!« erreichen, wird es viel wahrscheinlicher, dass Sie eine Abmagerungskur beginnen – aber diesmal, weil Sie sich für Ihre Gesundheit entscheiden. Das ist etwas völlig anderes.

Vier Schritte zu einem positiven Körperbild

Hier folgen nun vier Schritte, die Ihnen helfen können, Ihr Körperbild besser anzunehmen und sich genau so zu akzeptieren, wie Sie sind.

Schritt 1: Entscheiden Sie sich!

Entscheiden Sie sich, dass Sie lernen wollen, sich genau so zu mögen, wie Sie sind.

Diese Entscheidung bringt Sie noch nicht ans Ziel. Aber sie gibt die richtige Richtung vor.

Meist ist der Wunsch abzunehmen so stark, dass er verhindert, sich erst einmal selbst zu akzeptieren. Doch innere Akzeptanz bewirkt oft spontane Veränderungen. Ich nenne dies das »Akzeptanz-Paradox«.

Dieses Akzeptanz-Paradox bewirkt, dass sich, sobald man sich auch nur irgendwie akzeptiert, Veränderungen einstellen. Und zwar ganz natürlich. Oft führt die Akzeptanz zum instinktiven Wunsch, gesünder zu leben oder ein neues Verhalten zu probieren, das einen glücklicher macht.

Es bedeutet auch, dass alle Veränderungen sich aus einer Überzeugung des »Gut genug« heraus ereignen statt aus dem Gefühl, nicht gut genug zu sein.

Schritt 2: Meinungen sind subjektiv

Wir alle stehen unter großem Druck, uns an den neuesten Stil anzupassen, den Körper zu optimieren und ja keine Zeichen von Alter sichtbar werden zu lassen. Kurz gesagt, unter dem Druck, attraktiv zu sein.

Doch alle Meinungen sind letztendlich subjektiv. Und sie ändern sich. Trends, was gerade als attraktiv gilt, sind ebenso veränderlich wie das Wetter in Schottland. Bis weit ins 20. Jahrhundert war die ideale Frau recht üppig. Mollig war attraktiv. Mollig war sexy. Eine mollige Frau konnte sich attraktiv und wohl in ihrer Haut fühlen. Wenn diese Frau heutzutage lebte, wäre sie vermutlich depressiv. Ganz sicher würde sie sich Sorgen um ihr Gewicht machen. Sie würde sich mit anderen Frauen in Magazinen und in der Werbung vergleichen und sich hässlich fühlen.

In den Zwanzigerjahren waren die statistischen Maße der durchschnittlichen Miss Amerika 80-63-88. In den Dreißigern waren es 85-63-88, also mit durchschnittlich fünf Zentimetern mehr Brustumfang. Diese Maße vergrößerten sich erneut in den Vierzigern. Eine Siegerin aus den Zwanzigern hätte es in den Vierzigern nicht einmal mehr in die Endrunde geschafft. In den Fünfzigerjahren nahmen die Maße für Busen und Hüften zu, die für die Taille aber ab. Durchschnittlich betrugen die Maße nun 90-58-90.[8]

Hatte sich der Frauenkörper in dieser kurzen Zeitspanne so stark verwandelt? Nein, denn die Evolution vollzieht sich nicht dermaßen rasch. Was sich verändert hatte, war die stark durch Mode und Werbung und die zu der Zeit populären Filmstars beeinflusste Meinung.

Das Frauenideal in den Zwanzigern war von der Charleston-Mode beeinflusst, übrigens Folge der ersten massenhaft verbreiteten Magazine, die Fotos von Models zeigten statt gezeichnete Bilder. Die Models wurden so ausgesucht, dass die Kleider aussahen, als hingen sie an Kleiderbügeln. In den Fünfzigern hingegen war Marilyn Monroe der große Star. Und infolgedessen hatten die Miss-Amerika-Siegerinnen zu dieser Zeit fast alle die gleichen Körpermaße.

In den Sechzigern wurde das populärste Schönheitsideal die Kindfrau oder der Heroin-Chic. Manche Soziologen glauben, dass dies eine bedeutsame Rolle bei der Zunahme von Essstörungen unter jungen Mädchen und Frauen gespielt hat.

Heutzutage gilt auf jeden Fall im westlichen Kulturkreis ein schlanker Körper als erstrebenswert. Außerdem muss man noch wohlgeformt sein sowie eine makellose Haut haben – wie die perfekten Models es auf den Bildern suggerieren. Dass die Fotos meist kräftig bearbeitet wurden, davon spricht fast niemand. Was beim Betrachter hängen bleibt, ist Makellosigkeit – verglichen damit, können wir alle nur schlecht wegkommen. Forschungsstudien haben eindeutig ergeben, dass Frauen, die Bilder von Models ansehen, unzufrieden mit dem eigenen Körper werden und dass ihr Selbstbewusstsein sinkt.

Bei einer Forschungsstudie in Frankreich im Jahr 2009 wurden 229 französischen und italienischen Mädchen mit einem Durchschnittsalter von 20 »idealisierte« Bilder angeblich schöner Frauen in Magazinen gezeigt. Anschließend bezeichneten sich alle als unzufrieden mit dem eigenen Körper.[9] Hunderte von ähnlichen Untersuchungen ergaben das Gleiche.

Was als schön und attraktiv gilt, hängt außerdem davon ab, wo man lebt. In manchen Ländern, etwa in Mauretanien, werden üppige Frauen als schön bewundert. Frauen werden ermuntert zuzunehmen. Wenn dort ein Model mit Größe 32 lebte, wäre sie vermutlich die hässlichste Frau im Dorf.

Unsere Meinung, was wir für attraktiv halten, wird tagtäglich und ständig beeinflusst. 2014 zeigte man in einer Untersuchung den Teilnehmern eine Minute lang Fotos von molligeren Frauen und von untergewichtigen Models. Diejenigen, denen man die Plus-Size-Frauen gezeigt hatte, fanden einen BMI von 18,4 am attraktivsten, doch diejenigen mit den Fotos der untergewichtigen Frauen entschieden sich für einen BMI von 16,9.[10]

Was uns in Zeitungen, Magazinen, auf Plakaten und im Internet vorgeführt wird, konditioniert uns dazu, bestimmte Größen und Figuren als schön zu empfinden und andere als unschön. Die gleiche Person kann in einer Woche schön wirken und hässlich in der nächsten, um dann wieder als hübsch zu gelten, je nachdem, wie wir sie in dieser Zeitspanne in den Medien präsentiert bekommen. Wir glauben vielleicht, diese Dinge selbst bestimmen zu können, aber wir werden ständig stärker beeinflusst, als wir denken.

Die Erkenntnis, dass Meinungen subjektiv sind, ist sehr wichtig. Sie befreit uns davon, das Selbstwertgefühl vom Körperimage abhängig zu machen.

FITNESSTRAINING FÜR SELBSTLIEBE: *Überzeugungen sind subjektiv und veränderbar*

Schreiben Sie ein paar Sätze auf, als wollten Sie jemandem klarmachen, dass Meinungen subjektiv und veränderbar sind. Schreiben Sie, so viel Sie wollen – das ist in Ordnung. Tun Sie alles, was nötig ist, um dieses Thema zu verdeutlichen.

Als Einstieg könnten Sie den obigen Absatz noch einmal durchlesen und die Sätze unterstreichen, die Ihnen am meisten zusagen. Dann formulieren Sie Ihre Argumente. Sie können auch weitere Untersuchungen im Internet ausfindig machen, wenn Sie das wünschen. Schreiben Sie aufgrund Ihrer Notizen ein richtiggehendes Plädoyer. Vielleicht nützt es auch, über das Thema mit einem Freund, einer Freundin zu diskutieren.

Ich mache oft solche Übungen, denn sie sind sehr wirksam. Wenn man jemandem etwas vermitteln will, was man selbst gelernt hat, hilft es einem, weitere Einsichten und ein noch umfassenderes Verständnis zu gewinnen.

Schritt 3: Geben Sie sich die Erlaubnis, anders zu sein

Sie wissen inzwischen, dass Meinungen subjektiv und veränderbar sind. Sie brauchen daher nicht zu versuchen, wie alle anderen zu sein. Die Entscheidung, authentisch zu sein (und vielleicht in vieler Hinsicht anders als andere Menschen), kann zu der Überzeugung beitragen, dass Sie nun gut genug sind. Beglückwünschen Sie sich zu Ihrer Einzigartigkeit!

FITNESSTRAINING FÜR SELBSTLIEBE: *Feiern Sie Ihre Einzigartigkeit*

- Schreiben Sie auf, wie der Vergleich mit anderen Ihr Glück, Ihre Gesundheit, Ihre Gefühle und Ihr Selbstbewusstsein beeinflusst hat.

- Als Nächstes schreiben Sie auf, wie anders Ihr Leben aussehen würde, wenn Sie aufhörten, sich ständig mit anderen Menschen zu vergleichen, und sich stattdessen so akzeptierten, wie Sie sind. Wenn der Vergleich mit anderen Sie beispielsweise sehr unsicher macht, wie würden Sie sich wohl fühlen, wenn Sie mit diesen Vergleichen aufhörten? Würden Sie sicherer auftreten? Wie würde das auf Ihre Beziehungen wirken, Ihre Karriere, Ihre Gesundheit und Ihre Finanzen?

- Treffen Sie die Entscheidung, Ihr wahres Selbst zu leben. Versuchen Sie es bloß einen einzigen Tag lang. Tragen Sie, was immer Sie tragen wollen. Sagen Sie frei Ihre Meinung. Seien Sie Sie selbst, ein lebendiges Beispiel, dass Sie gut genug sind.

Schritt 4: Achten Sie auf das, was Sie an sich mögen

Bei einem meiner Workshops berichtete ein Mädchen von der folgenden Übung, die man in Japan Frauen mit niedrigem Selbstwertgefühl vorgeschlagen hatte. Viele Frauen erlangten dadurch ein deutlich stärkeres Selbstbewusstsein. Die Wirksamkeit wurde auch in mehreren Forschungsstudien bewiesen.

FITNESSTRAINING FÜR SELBSTLIEBE:
Was mögen Sie an sich

- ❖ Wählen Sie drei Körperteile. Vielleicht ist es Ihr Haar, vielleicht sind es die Füße oder Ihre Augen.

- ❖ Konzentrieren Sie sich Tag für Tag in der nächsten Woche auf diese drei Körperteile. Vielleicht möchten Sie sie betonen, oder Sie geben sich einfach die Erlaubnis, darüber nachzudenken, warum Sie diese Körperpartien mögen. Egal, was Sie aussuchen, bleiben Sie dabei. Die Beständigkeit, mit der Sie sich auf diese Körperteile konzentrieren, sorgt dafür, dass Sie das Positive an sich selbst im Blick behalten und Ihre scheinbaren Mängel in den Hintergrund treten.

Hier nun die Zusammenfassung der vier Schritte, mit dem Ziel, sich mit seinem Körperbild besser zu fühlen.

1. Entscheiden Sie sich für dieses Ziel
2. Begreifen Sie, dass Meinungen subjektiv und veränderbar sind
3. Geben Sie sich die Erlaubnis, anders zu sein
4. Konzentrieren Sie sich auf das, was Sie an sich selbst mögen.

Wie bei den anderen Übungen in diesem Buch erzielt man den größten Durchbruch durch Beständigkeit. Bei den Körperbildern bedeutet es, die Antworten auf diese Fragen oft durchzugehen und vielleicht jedes Mal noch etwas hinzuzufügen.

Vielleicht müssen Sie diese Übung öfter wiederholen als andere. Vielleicht machen Sie sie zwei Wochen lang dreimal wöchentlich, um eine bessere Wirkung zu erzielen, aber genau wie im echten Fitnessstudio ist es jedes Mal der Mühe wert!

Zusammengefasst heißt das ... Die meisten Menschen sind über irgendeinen Aspekt ihres Körpers unglücklich, ob es das Gewicht ist, die Figur, die Haut, die Nase, die Zähne, die Haare, die Brüste (Frauen), die Hüften (Frauen) oder der Penis (Männer). Sie werden von der unbewussten Überzeugung getrieben, dass sie sich verbessern müssen – attraktiver werden müssen –, um akzeptiert zu werden. Aber die Meinungen darüber, was als attraktiv gilt, sind subjektiv und veränderbar. Eine ideale Figur von vor hundert Jahren würde heute als dick bezeichnet werden. Und ein Mensch, der heutzutage in einigen Ländern als mollig gilt, wird in einem anderen Land als schlank angesehen.

Mit vier wirkungsvollen Schritten kann man sich wohler im eigenen Körper fühlen und sich so akzeptieren, wie man ist.

Manche Menschen stehen vor einem Dilemma, wenn sie sich so akzeptieren sollen, wie sie sind. Sie wollen sich so sehr verändern, dass sie nichts mehr an sich akzeptieren können. Aber die Selbstakzeptanz ist ein wichtiger Teil der Selbstliebe. Hier stehen wir vor dem Akzeptanz-Paradox: Sobald man sich akzeptiert, beginnen die Veränderungen.

Sich selbst akzeptieren bewirkt gewöhnlich inspirierte, kreative Veränderungen, und diese erfolgen aufgrund einer Haltung des »Gut genug«-Seins und nicht aus dem Gegenteil heraus.

8. Kapitel

Schwächen zeigen

*»Von jemandem geliebt zu werden,
verleiht einem Kraft, doch wenn man jemanden liebt,
gibt es einem Mut.«*
LAOTSE

An einem Sonntagmorgen hatte ich in London eine kurze Begegnung mit einem Obdachlosen, die bei mir einen bleibenden Eindruck hinterließ. Ich hatte gerade mein Hotel verlassen und war unterwegs zum King's Cross Bahnhof, wo ich den Zug zurück nach Schottland nehmen wollte. Da kam mir der Mann auf dem Gehsteig entgegen. Er trug seine vermutlich gesamte weltliche Habe in ein paar Plastiktüten bei sich, so etwa zwei bis drei in jeder Hand. Er wirkte sehr, sehr traurig und müde und bewegte sich nur langsam vorwärts.

Ich lief weiter, doch irgendwie ging er mir nicht aus dem Sinn. An der nächsten Straßenecke blickte ich in ein Café, wo viele Leute geschützt vor der Kälte im Warmen saßen. Ich überlegte, ob ich mir hier schnell einen Kaffee holen sollte. Als ich die Tür öffnete, warf ich noch einen Blick zurück und sah, wie der Mann langsam über die Straße schlurfte. Da war mir, als würde ich gleichzeitig in zwei Welten blicken. In der einen sah ich das einladende Café und roch schon frisch gemahlene Bohnen. In der anderen sah ich den Obdachlosen, ganz allein an diesem kalten, feuchten Sonntagmorgen, ohne irgendein Ziel oder eine Hoffnung auf eine warme Zuflucht.

Ich ging zurück, überquerte die Straße und sah, wie er sich gerade in einen Ladeneingang kauerte. Er hatte aus der Ferne wie 60 gewirkt, doch aus der Nähe erkannte ich, dass er ungefähr in meinem Alter sein musste, nur war er frühzeitig durch Einsamkeit und Kälte gealtert. Ich drückte ihm eine Zehnpfundnote in die Hand. Was als Nächstes geschah, hat sich mir tief in der Seele eingeprägt.

Er blickte zu mir hoch und legte die Hände wie zum Gebet dankend zusammen. Er sagte kein Wort, aber das war auch nicht nötig. Noch nie hatte ich im Blick eines Menschen eine solche Dankbarkeit erkannt. Seine Augen waren strahlend blau und erinnerten mich an den Schauspieler, der im Film *Jesus von Nazareth* gespielt hatte. In diesem Augenblick wirkte dieser Mann heilig, völlig authentisch und einzigartig. Ich hingegen fühlte mich beschämt und sehr klein. Hätte ich ihm mehr geben sollen?

Ich erkannte, dass er sich mir unterlegen fühlte. Aus seiner Sicht konnten ich und andere sich entscheiden, ihm Geld oder Essen zu geben, ganz nach unserem Belieben, und dadurch irgendwie über sein Schicksal bestimmen.

Mit den Tränen kämpfend, entfernte ich mich. Dabei dachte ich aufgewühlt: Nein, du bist mir nicht unterlegen, lieber Mann. Du bist in keiner Weise weniger wert! Du hast jedes Recht, glücklich zu sein.

Ich sprach ein Gebet für ihn und stellte mir vor, wie sein Selbstwertgefühl wachsen würde und er dadurch mehr Glück im Leben fand. Dadurch ging es mir ein wenig besser, obzwar ich immer noch wünschte, ich hätte mehr für ihn getan.

Wenn wir unsere Verletzlichkeit anderen offen zeigen, erkennen diese unsere innere Größe. Ich jedoch mischte mich wieder unter die Menschenmenge und verbarg meine Schwächen unter den Hunderten von Leuten, die ihrer Wege gingen, darunter sicher viele, die sich ebenso verhielten. In unserer schlichten Begegnung war der Obdachlose sicherlich der bessere Mensch gewesen.

Sie sehen, dass ich heute menschliche Größe daran messe, wie viel Mut jemand aufbringt, seine Seele bloßzulegen. Dieser Mann zeigte mir sein Inneres, ich dagegen verbarg meines hinter meiner Brieftasche und meinen sauberen Kleidern. Ich hatte mich entschieden, ihm den Geldschein völlig emotionslos zu geben, ohne ein Wort zu sagen. Ich lächelte bloß, berührte leicht seine Hand, richtete mich wieder auf und ging weiter. Er hingegen zeigte sich mir völlig offen. Vermutlich hat er dadurch meine üblichen Schutzbarrieren so leicht überwunden. Er war einfach völlig er selbst, zu hundert Prozent. In dem Augenblick war *er* gut genug, und *ich* war es nicht.

Es ist schwer, nicht bis ins Mark gerührt zu sein, wenn sich jemand echt und authentisch mit allen Schwächen vor einem zeigt, besonders wenn zwischen einem ein solcher Abstand besteht. Daran sind wir einfach nicht gewöhnt, und daher wirft es einen fast um, wenn es einmal passiert. Aber Verletzlichkeit und Offenheit sind ein Tor zu Liebe, Freundschaft und dauerhaften Bindungen. Sie sind ein Tor zu einem Gefühl von Verbundenheit und Zugehörigkeit. Sie sind ein Tor zum Gefühl, gut genug zu sein.

Die Authentizität und Verletzbarkeit dieses Obdachlosen hat mich so sehr betroffen, dass ich mich ihm immer noch verbunden fühle. Aus dem Grund war es mir auch wichtig, die Szene in diesem Buch zu beschreiben. Wir werden uns vermutlich nie wieder begegnen, aber auf immer verbunden sein. Seine ehrlich gezeigte Verletzlichkeit ermöglichte dies.

Sie sorgt auch dafür, dass seine Seele nun hoffentlich Ihr Leben, da Sie dieses Buch lesen, anrührt. So groß ist die Macht von Verletzlichkeit und Offenheit.

Die Macht der Schwächen

Sich verletzlich und schwach zu zeigen bedeutet nicht, dass wir unsere Seele ständig und jedem Fremden bloßlegen sollten. Doch es lädt dazu ein, hin und wieder die Schutzbarrieren zu senken.

Wichtig ist Authentizität. Manche Menschen öffnen sich anderen nur, um deren Aufmerksamkeit zu erlangen und damit sie gemocht werden. Das ist aber keine echte Verletzlichkeit, denn so zeigt man keine wirklichen Schwächen. Den Unterschied merkt man sofort.

Zu Verletzlichkeit gehört Ehrlichkeit sich selbst und anderen gegenüber. Man braucht dazu Mut. Und dieser Mut sagt: »Ich bin gut genug.«

Denn wenn wir für einen flüchtigen Augenblick uns selbst gegenüber treu sind, wissen wir irgendwo tief drinnen, dass echt und wahrhaftig zu sein gut genug ist.

Authentizität und Verletzlichkeit bedeuten gleichermaßen, gut genug zu sein. Wir brauchen uns nicht zu verstecken, falls jemand unser wahres Ich erkennt. Wenn wir anderen zeigen, wer wir wirklich sind, öffnet sich ein Weg zu mehr Verbundenheit.

Natürlich bedeutet dies auch, ehrlich sich selbst gegenüber zu sein. Es bedeutet, unsere Mängel zu akzeptieren und nicht zu verbergen. Es bedeutet, aufrichtig zu anderen zu sein. Es bedeutet, nichts zurückzuhalten. Es bedeutet zu zeigen, wie wir uns fühlen. Es bedeutet, das Risiko einzugehen, abgelehnt zu werden. Es bedeutet, unsere Wohlfühlzone zu verlassen.

Wir erweisen uns als verletzlich, wenn wir etwas erschaffen und dies anderen zeigen in dem Wissen, dass sie es vielleicht nicht mögen werden …

Wir sind verletzlich, wenn wir schwierige Gespräche mit dem Partner, den Kindern oder Kollegen führen.

Wir sind verletzlich, wenn wir Sex anregen, wohl wissend, dass wir vielleicht zurückgewiesen werden.

Besonders verletzlich sind wir, wenn wir uns entscheiden, jemanden bedingungslos zu lieben, obwohl wir wissen, wie sehr wir verletzt werden könnten.

Verletzlich sind wir auch, wenn wir einen Vorgesetzten um das bitten, was wir brauchen, obwohl er Nein sagen könnte.

Verletzlich zu sein bedeutet, zuzugeben, dass wir Angst haben, und zu wissen, dass andere uns für schwach halten können.

Es bedeutet, ehrlich unsere Traurigkeit zu zeigen, wenn andere von uns erwarten, fröhlich zu sein.

Meine in diesem Buch beschriebene persönliche Verletzlichkeit bedeutet auch, dass ich einige meiner eigenen Schwächen zugebe. Wenn man bereits sieben Selbsthilfebücher veröffentlicht hat, erwartet das Publikum, dass man weise und gereift ist, dass man auf alles eine Antwort hat und keinerlei persönliche Probleme mehr kennt. Als ich mit der Arbeit an diesem Buch begann, erwartete ich, dass die Leute fragen würden: »Wie kann jemand mit persönlichen Schwierigkeiten einen Selbsthilferatgeber schreiben? Ich hatte Angst, dass sie mich nicht mehr so schätzen würden wie zuvor und niemand mehr zu meinen Vorträgen käme, weil alle dachten, ich sei nicht so »perfekt« wie andere Autoren. Ich hatte sogar Angst, dass ich nichts Bedeutsames zu sagen hatte und niemand ein Selbsthilfebuch lesen wollte, das von einem solchen Mann verfasst wurde.

Das waren die Dinge – vermutlich Risiken –, die mir durch den Kopf gingen. Tatsächlich war es eine Erleichterung, zuzulassen, dass mein Publikum erfuhr, wie ich zuweilen durchs Leben gestolpert war, wie ich mich durch das Dunkel getastet und immer wieder mit dem Alltag gerungen hatte.

Was ich definitiv nicht erwartet hatte, war, wie sehr man meine Ehrlichkeit schätzte und dass Zuhörer und Leser von meinen

Erfahrungen profitierten, weil ich eben die gleichen Probleme hatte wie sie und sie begriffen, dass auch *sie* es schaffen könnten, wenn ich es trotz meiner Schwierigkeiten geschafft hatte. Statt also weniger Zuhörer bei meinen Vorträgen vorzufinden, wurden es immer mehr.

FITNESSTRAINING FÜR SELBSTLIEBE:
Liebe dein Selfie

Ich habe an anderer Stelle schon geraten, unsere Selfies zu lieben, ganz egal, wie Sie sich dabei fühlten. Hier nun eine Herausforderung an Ihre Verletzlichkeit. Machen Sie über eine Woche hinweg täglich ein Selfie, das Sie einmal nicht nur von der besten Seite zeigt.

Die Selfies sollen zeigen, wie Sie in glücklichen Augenblicken aussehen, aber auch in traurigen.

Lassen Sie die Schutzbarrieren runter und den Zauber in Ihr Leben ein

Der bisher schlimmste Tag meines Lebens war, als der Tierarzt uns mitteilte, dass Oscar, der damals 22 Monate alt war, an Knochenkrebs (Osteosarkoma) litt. Er meinte, dass man nichts dagegen tun könne und er bestenfalls nur noch sechs Monate zu leben habe.

Die Diagnose kam völlig unerwartet. Manchmal spielt einem das Leben eine wirklich schlechte Karte zu. Ich will hier nicht zu sehr in die Einzelheiten gehen, denn es ist noch gar nicht lange her. Wenn Sie mehr darüber erfahren wollen, so finden Sie im Nachwort ein Update.

Die Nachricht von der tödlichen Krankheit unseres Lieblings erschütterte uns zutiefst. Aber in dieser Geschichte geht es auch darum, sich die Erlaubnis zu geben, sich verletzlich zu zeigen, und welche magischen Veränderungen dadurch möglich werden.

Elizabeth ist zeit ihres Lebens ein sehr zurückhaltender Mensch gewesen, der sich anderen niemals leicht geöffnet hat. Als sie an der Oberschule von Mitschülern tyrannisiert worden war, hatte sie sich ihre Gefühle nicht anmerken lassen. Auch als die Eltern davon erfahren und sie ein Jahr früher von der Schule genommen hatten, hat sie nie zugegeben, wie sehr sie tatsächlich unter dem Mobbing gelitten hatte.

In den Jahren, seit wir zusammenleben, habe ich nicht ein einziges Mal erlebt, wie Elizabeth anderen Menschen außer ihrer eigenen Familie und engen Freunden etwas Wichtiges über ihr Leben mitgeteilt hätte: ihre wahren Hoffnungen, Träume, Ziele und besonders ihre Ängste. Nie hätte sie jemals ein Gefühl verraten.

Oscars Diagnose änderte dies schlagartig. In den folgenden Tagen weinte Elizabeth vor anderen Menschen, die sie kaum kannte. Sie weinte bei den Tierärzten und deren Assistentin. Sie weinte auf der Straße, als wir es den Nachbarn erzählten und vor den Leuten, mit deren Hunden Oscar oft gespielt hatte. Sie weinte vor fast wildfremden Menschen.

Die magische Wirkung dabei aber war, dass Elizabeth anderen erlaubte, sich um sie zu kümmern, und dadurch öffnete sich ein kleiner Spalt, durch den sie diese Menschen zum ersten Mal in ihr Leben einlassen konnte. Bei diesem Prozess wurde sie auch in das Leben anderer eingeladen. Sie ließ es zu, dass andere ihr gegenüber ihr Mitgefühl ausdrückten, manchmal mit besorgter Miene oder einer sanften Berührung. Manchmal auch einfach nur durch bloße Anwesenheit, in einer Gemeinschaft, bei der sie genauso sein durfte, wie sie es jetzt brauchte. Sie ließ es zu, dass andere sich mit ihr verbanden.

Verletzlichkeit und Mitgefühl heben Beziehungen in eine andere Dimension. Beide löschen jegliche Verstellung aus. Wenn wir Mitgefühl zeigen, dann sind wir tatsächlich wir selbst. Wenn wir den Schmerz anderer mitempfinden, sind wir wir selbst. Wenn wir den eigenen Schmerz bloßlegen, sind wir authentisch.

Ich erlebte etwas Ähnliches wie Elizabeth. Wenn ich normalerweise unvermittelt auf ein Problem stoße, konzentriere ich mich ganz schnell auf eine Lösung des Problems und deren Umsetzung. Das ist natürlich auf gewisse Weise nützlich. Der Nachteil dabei ist, dass ich meine schmerzlichen Gefühle tief in mir verschließe. Diese schnelle Fokussierung auf eine Lösung bedeutet nämlich nicht, dass der Schmerz verschwindet. Ich ignoriere ihn lediglich.

Am Tag der Diagnose besuchte ich meine Eltern. Wie in vielen Familien sind wir es nicht gewohnt, uns unsere Gefühle zu zeigen. Ehrlich gesagt hatte ich vor meinem Vater seit meiner Kindheit keinerlei Emotionen mehr gezeigt. Aber als Mum mich an dem Tag in den Arm nahm, habe ich geweint.

Als ich mich aus der Umarmung löste, schaute ich zu meinem Vater, doch der wandte rasch den Blick ab. Das geschah nicht absichtlich, sondern war eher ein Reflex, denn er wusste einfach nicht, was er sagen oder tun konnte.

Wenn ich mich normalerweise von meinen Eltern verabschiede, kommt Mum immer mit zur Tür und nimmt mich zum Abschied in den Arm. Dad sagt mir gewöhnlich von seinem Sessel aus *Auf Wiedersehen*. Doch diesmal folgte auch er mir zur Tür.

In der folgenden Woche, bei der Geburtstagsparty meiner siebenjährigen Nichte, kam Dad beim Verabschieden wieder mit zur Tür. Das war seine Art auszudrücken, dass er für mich da war, und ich verstand ihn.

Es war eine sehr einfache Geste, aber sie verlieh unserer Beziehung mehr Tiefe und Qualität. Als ich meinen Schmerz ausdrückte, gewann auch die Beziehung mit meiner Mutter eine tiefere Dimension. Ich gab ihr Gelegenheit, mich wieder zu bemuttern und mir ihr Mitgefühl auszudrücken, und ich konnte einen Teil ihrer Persönlichkeit erleben, der mir als Kind so vertraut war.

Oft zwingen uns äußere Umstände, uns verletzlich zu zeigen. Man wird gefordert zu reifen, nicht um im klassischen Sinne stärker zu werden, sondern um alle Verstellungen abzustreifen und einfach, wie nackt, da zu stehen. In solchen Augenblicken spielt es wirklich keine Rolle, was andere von einem denken. Doch wir geben anderen die Erlaubnis, uns zu trösten. Wir laden sie ein, sich menschlich zu geben. Das ist die magische Wirkung von Verletzlichkeit.

Einfluss erlangen

Unsere Schutzbarrieren zu senken und uns authentisch zu zeigen ist das Wichtigste, was wir jemals tun können. Wir müssen uns bloß davon überzeugen, dass die Vorteile die Risiken weitaus überwiegen.

Okay, zuerst die Risiken:

- Andere Leute mögen uns vielleicht nicht.
- Wir lösen uns vielleicht von einer Gruppe.
- Wir verlieren vielleicht die eine oder andere Beziehung.
- Andere Leute sagen, wir hätten uns verändert, und werden sauer.

Und nun die Vorteile:

- ❖ Wir lösen uns von dem Stress, so zu tun, als ob.
- ❖ Wir können uns in unserem Privatleben entspannen, ohne uns zu fragen, wie wir die Schauspielerei aufrechterhalten können, und ohne die Leute ringsum abzulehnen, weil sie etwas von uns erwarten, dem wir nicht entsprechen.
- ❖ Wir stellen vielleicht fest, dass andere uns einen Respekt erweisen, wie wir ihn nie zuvor erlebt haben.
- ❖ Wir wissen, dass die Menschen, die aus unserem Leben verschwinden, ohnehin nicht gut für uns waren, denn sie wollten nur die Version, die wir ihnen vorgespielt hatten.
- ❖ Wir bilden tiefere, authentischere und sinnvollere Beziehungen.
- ❖ Wir werden gesünder.

Das sind nur einige der Risiken und Vorteile, und sie gelten nur im Allgemeinen. Ich bin sicher, Sie finden im eigenen Leben noch viele weitere, die mehr mit Ihnen zu tun haben. Daher möchte ich, dass Sie es selbst versuchen. Die folgende Übung ist sehr wichtig. Es geht darum:

FITNESSTRAINING FÜR SELBSTLIEBE: *Authentisch sein*

Denken Sie über die folgenden Fragen nach und schreiben Sie die Antworten auf:

- ❖ Was für Vorteile würde es ganz spezifisch für Sie bringen, wenn Sie authentischer lebten? Welche Beziehungen würden beispielsweise durch Ihre Echtheit beeinflusst und auf welche Weise? Wäre Ihre Karriere davon betroffen?

- Welche Aktionen oder Gespräche könnten Sie in den nächsten paar Tagen beginnen, die Ihnen helfen würden, authentischer zu sein?

Man kann sich niemals *gut genug* fühlen, wenn man sein wahres Selbst versteckt, denn der bloße Akt des Versteckens bestätigt ja, dass man sich *nicht* gut genug fühlt. Warum würden Sie sich sonst verstecken? Authentisch sein heißt, genauso zu sein, wie man ist. Gut genug sein heißt: »Ich bin hier, in diesem Augenblick, so, wie ich bin.«

Im eigenen Tempo

Authentisch sein bedeutet, die eigenen Verletzlichkeiten und Schwächen zu zeigen, aber wie ich bereits erwähnte, geht es nicht darum, für jedermann ein offenes Buch zu sein. Es geht darum, sich zu fragen, ob mehr Authentizität oder mehr Verletzlichkeit unter bestimmten Umständen für Sie gut wäre. Es könnte bedeuten, dass Sie sich nur selten und wenigen anderen öffnen, aber genauso gut, dass Sie es häufig und bei vielen Menschen tun. Wir sind immerhin alle verschieden.

Ich persönlich lernte, offener und ehrlicher mit Menschen umzugehen. Das bedeutet, persönliche Erlebnisse in diesem Buch mit anderen zu teilen, über die ich bisher noch nie geschrieben hatte. Dabei war mir ein wenig unbehaglich zumute, aber es war auszuhalten. Ich habe jedoch auch eine kleine Gruppe von Freunden und Angehörigen, mit denen ich bestimmte persönliche Dinge bespreche, die ich nicht unbedingt anderen mitteilen würde. Sie sind sozusagen mein innerer Kreis.

Selbstliebe heißt zu lernen, was für einen selbst als Individuum gut ist. Manchmal ist Verletzlichkeit und Schwächen zu zeigen nicht das Richtige. Es könnte unter bestimmten Umständen dazu führen, dass man ausgenutzt wird. Das ist ein Risiko, das sich nicht immer vermeiden lässt.

Meine Freundin Gillian hat mich daran erinnert. Sie erzählte, dass sie früher ganz selbstverständlich ihre Schwächen gezeigt hätte und es für sie ganz natürlich gewesen sei, völlig offen zu sein. Doch dann sei sie ausgerechnet in einer Phase, als sie mehrere Angehörige verlor und es ihr am elendsten ging, von wichtigen Menschen schlecht behandelt und alleingelassen worden. Statt akzeptiert zu werden und sich zugehörig zu fühlen, hätte ihre offen gezeigte Verletzlichkeit nur mehr Einsamkeit verursacht.

Gillian lernte, dass es nur mit bestimmten Menschen sicher war, Schwächen zu zeigen. Das war eine wichtige Lektion für sie. Der Akt, Schwächen nur vor bestimmten Menschen zu zeigen, beweist, dass wir gut genug sind, und zwar viel stärker, als wenn wir uns allen und jedem gegenüber öffnen würden. Es ist eine ermächtigte Entscheidung, die zeigt, dass wir uns etwas wert sind.

• • • • • • • • • • • •

Zusammengefasst heißt das … Wenn wir uns erlauben, verletzlich zu sein, können wir dadurch das Gefühl stärken, gut genug zu sein. Zurückhaltung geschieht meistens aus Angst davor, was andere Menschen vielleicht denken. Doch wenn wir der Angst erlauben, Macht über uns zu haben, dann sagt das: »Ich bin nicht gut genug.« Verletzlich sein blickt der Angst ins Auge und sagt: »Ich muss mich nicht verstecken. Hier stehe ich, in diesem Augenblick, so, wie ich bin, mit allen meinen Schwächen.«

Verletzlichkeit ist ein Bestandteil davon, authentisch zu sein. Sie bedeutet, dass man sich der Welt so zeigt, wie man ist. Das verleiht Stärke und Größe. Man braucht dazu Mut. Es ist ein Zeichen von Tapferkeit, denn es ist stets ein Risiko damit verbunden.

Gehen Sie bei der Erkundung Ihrer Schwächen in Ihrem eigenen Tempo vor. Identifizieren Sie die Menschen, die Sie in Ihr Leben einlassen wollen, und prüfen Sie, wie weit Sie sich ihnen gegenüber öffnen möchten. Stehen Sie für diese Entscheidungen ein, denn damit drücken Sie jedes Mal die Haltung aus: »Ich bin gut genug.«

9. Kapitel

Die Magie der Anziehung

»Es ist ein lebenslanges Privileg,
zu dem zu werden, der man wirklich ist.«
C. G. JUNG

Babys lieben sich noch selbst. Sie sind zu hundert Prozent authentisch. Wir fühlen uns magisch von ihnen angezogen.

Hundewelpen lieben sich ebenfalls. Auch sie sind hundertprozentig authentisch. Auch von ihnen fühlen wir uns auf magische Weise angezogen.

Warum? Ganz einfach:

»Je authentischer wir selbst sind, umso anziehender wirken wir auf andere Menschen.«

Bei den meisten Menschen wird mit dem Heranwachsen die Anziehungskraft immer schwächer, denn nach und nach wird unser inneres Licht unter Schichten um Schichten von Gedanken und Überzeugungen vergraben, die uns einreden, nicht gut genug zu sein. Eigentlich ist es ganz einfach. Authentizität, Verletzlichkeit, Ehrlichkeit, Mut, Selbstliebe – all dies verstärkt unsere Anziehungskraft. Sie ist stark, wenn wir wissen, dass wir gut genug sind, und schwach, wenn wir glauben, nicht gut genug zu sein.

Wollen Sie Ihre persönliche Anziehungskraft verstärken? Dann seien Sie authentisch! Sie werden bald erkennen, dass Sie in der Tat gut genug sind.

Bei der Stärkung der persönlichen Anziehungskraft geht es nicht darum, dass andere uns mögen. Das Ziel ist stets, authentisch zu sein und die Erkenntnis zu erlangen, dass man gut genug ist.

Persönliche Anziehungskraft ist ein Indikator für Authentizität, ein Barometer für Selbstliebe. Sie wirkt, ob wir das nun wollen oder nicht. Doch je bewusster wir ihrer sind, umso besser können wir daran unseren Fortschritt messen.

Es geht hier nicht darum, durch unsere neue Ausstrahlung möglichst viele andere Menschen anzuziehen (obwohl das meist automatisch passiert). Es ist vielmehr so, dass unsere Verbindungen und Kontakte mehr Tiefe und Qualität gewinnen.

Wenn Sie daher ständig von Personen umgeben sind, in deren Gegenwart Sie sich unwohl fühlen, fragen Sie sich, warum Sie diese Menschen angezogen haben. Ist es ein Zeichen dafür, dass Sie nicht so authentisch leben, wie Sie könnten? (Oder ist Ihnen vielleicht das eigene authentische Selbst nicht geheuer? Auch das würde ein Defizit an Selbstliebe bedeuten.)

Persönliche Anziehungskraft ist auch mit Glück und Erfolg im Leben verbunden. Je authentischer wir sind, umso wohler fühlen wir uns, und aus diesem Grund sind wir umso produktiver, hellsichtiger und kreativer. In der Regel führt uns das zum Erfolg, egal in welchem Lebensbereich.

Andere Menschen halten einen dann oft für einen Glückspilz, auch das ist eine Nebenwirkung der Anziehungskraft. Wir ziehen Gelegenheiten und Ereignisse an, die eher im Hintergrund schlummern, um dann plötzlich, wenn der richtige Zeitpunkt gekommen ist, in unserem Leben aufzutauchen.

Ehe wir hier weitermachen, schreiben Sie bitte die Antwort auf die folgende Frage auf:

Was kann ich weiterhin tun, das aussagt: »So bin ich in Wirklichkeit!«?

Das Gesetz der natürlichen Abstoßung

Die persönliche Anziehungskraft hat auch einen Gegenpol, wie die meisten Dinge: Es ist die persönliche Abstoßung. Dabei geht es darum, wie wir andere Menschen, Erfolg, Hoffnungen und Träume abstoßen, wenn wir nicht authentisch sind.

Kurz nachdem ich die Pharmaindustrie verlassen hatte, begann ich mich in das Studium zahlreicher spiritueller Ratgeber und Selbsthilfebücher zu vertiefen. Mithilfe dieses Wissens wollte ich meine neue Laufbahn als Schriftsteller und Redner beginnen. Aufgrund der Lektüre entwickelte ich irgendwie die Vorstellung, erleuchtet sein zu müssen, um Vorträge halten und Bücher schreiben zu können. Also beschloss ich, erleuchtet zu werden.

Egal, wo ich war, ich versuchte ständig zu vermitteln, wie gelassen und erleuchtet ich war. Ich gab Sätze und Gedanken aus den Büchern von mir und tat so, als stammten sie von mir. Meist sprach ich mit leiser Stimme, weil ich dachte, erleuchtete Menschen würden so reden.

Mein ehemaliger Uniprofessor William J. Kerr versammelt gerne in regelmäßigen Abständen seine ehemaligen Chemiestudenten zu lockeren Zusammenkünften. Im Jahr 2000, etwa sechs Monate nachdem ich die Pharmaindustrie hinter mir gelassen hatte, besuchte ich ein solches Treffen.

Meine Jahre auf der Uni gehören zur besten Zeit meines Lebens. Ich hatte großartige Freunde, studierte fleißig und lernte sehr viel. Ich betrieb auch viel Sport und hatte sogar die Zeit, den Chemiker-Club zu leiten. Meine Energie war geradezu legendär, und so war ich in jeder Gruppe ein begeistertes und begeisterungsfähiges Mitglied. Ich erzählte gerne Witze und Anekdoten und lachte viel.

Doch das war nun vorbei. Jetzt war ich ja erleuchtet, und da konnte ich mich nicht mehr so benehmen. Das wäre ja kindisches Verhalten gewesen, meiner nicht mehr würdig!

Während des gesamten Wochenendes unseres Semestertreffens bewegte ich mich sehr langsam, gewöhnlich die Hände auf dem Rücken verschränkt. Das hatte ich bei Mönchen gesehen und nahm an, dass man sie so halten müsse. Außerdem setzte ich ständig ein gelassenes Lächeln auf, und wenn ich etwas sagte, dann sprach ich leise und sanft. Ich wollte allen mitteilen, wie erleuchtet ich war … und sie inspirieren.

Nach dem Abendessen am ersten Tag versammelten sich etwa 25 Ehemalige in einem großen Salon. Wir erzählten einander Geschichten, und es wurde viel gelacht – nun, die anderen lachten. Wenn damals auf der Uni jemand eine lustige Geschichte erzählt hatte, hatte ich sogleich eine ähnliche vorgebracht, die ich vielleicht noch etwas ausschmückte, damit sie lustiger wurde. Nach jeder Anekdote sahen mich daher meine Freunde erwartungsvoll an, damit ich weitermachte. Aber ich saß bloß mit gekreuzten Beinen da, lächelte weise und nickte freundlich.

Es überrascht Sie sicher nicht, dass meine Karriere als Schriftsteller und Redner nicht gleich abhob. Zu meinen Vorträgen erschien kaum jemand, denn ich wiederholte ja bloß, was andere schon vor mir von sich gegeben hatten. Ich tat nur so, als sei ich erleuchtet. Wäre ich authentisch gewesen, der Typ, der einen Traum hatte und der gekündigt hatte, um diesen zu verfolgen, wenn ich vielleicht bloß über die Lektionen geredet hätte, die das Leben mir beschert hatte, wäre ich in jener Phase erfolgreicher gewesen. Aber Erfolg stellt sich nur bei Authentizität ein, und ich war nicht authentisch. Ich entwickelte eine negative Anziehungskraft. Ich stieß ab, was ich in mein Leben einbringen wollte. Es dauerte nicht lange, bis ich finanziell ernsthaft Probleme bekam.

Erst viel später ging mir auf, dass Lachen und das Zentrum von Aufmerksamkeit zu sein überhaupt nichts Kindisches oder

Negatives ist, sofern man eine entsprechende Persönlichkeit hat. Ich hatte gedacht, Spiritualität bedeutete, gelassen zu sein, aber hatte nicht begriffen, dass man dabei echt sein muss, die Gelassenheit authentisch gelebt werden muss. Gelassenheit bedeutet, in Frieden mit sich selbst zu leben. Es bedeutet, sich zu akzeptieren – seine Fehler, Mängel, Verletzlichkeit, Gewohnheiten und Ängste –, aber auch alle positiven Eigenschaften. Damit in Frieden zu leben verstärkt die persönliche Anziehungskraft.

Wir alle haben unsere »Vergangenheit« – Belastungen, Reue, Bedauern. All dies müssen wir nicht auslöschen, um »geheilt« zu werden. Gelassenheit tritt ein, wenn wir alles akzeptieren, was war und einen Teil von uns bildet, und Frieden damit schließen. Dann können wir im Einklang mit uns selbst leben. Dann sind wir gut genug.

Das Leben geht weiter ...

Wenn wir uns selbst akzeptieren, bedeutet das nicht, dass wir uns nun nicht mehr weiterentwickeln oder keine Hoffnungen und Träume mehr verfolgen. Wachstum und Veränderungen sind natürlich und gesund, wenn sie aus einem Gefühl heraus stattfinden, gut genug zu sein. Es ist absolut natürlich, Chancen für Wachstum und Verbesserungen zu erkennen und zu ergreifen.

Wenn wir uns selbst akzeptieren, hört das Leben auch nicht auf, uns Herausforderungen zu stellen. Wir sitzen dann nicht auf einer duftigen weißen Wolke im Zustand ewigen Friedens. Doch wir begegnen anderen Menschen, Herausforderungen und Erfahrungen in einem stabileren Zustand.

Dabei können wir eine Menge von Tieren lernen. Oscar weiß genau, wer er ist. Er jagt hinter Enten und anderem Geflügel her, wenn wir am Fluss spazieren gehen. Wenn er sich einem Schwan zu sehr nähert, wehrt ihn dieser mit einem gutturalen Zischen ab. Und ich bin ziemlich sicher, dass Oscar dann nicht denkt: »Dieser Schwan hat mich weggescheucht. Vielleicht mag er mich nicht. Ich frage mich, ob ich ihn gerade beleidigt habe und er mich deshalb ablehnt?« Er schnüffelt einfach den nächsten Baum ab und macht sein Geschäft.

Oscar hat mir eine Menge beigebracht. Eine wichtige Lektion war, dass meine Anziehungskraft abnimmt, wenn ich mich besessen damit befasse, was andere Menschen von mir denken oder ob sie mich mögen oder nicht.

Ich glaube, Oscar und ich waren füreinander bestimmt. Er hat mir geholfen, mich selbst zu finden.

Sie haben sicherlich auch ein Tier oder einen Menschen in Ihrem Leben, das oder der Ihnen etwas über Sie selbst beibringt. Denken Sie einen Moment lang nach. Wer bringt Sie oft dazu, Sie selbst zu sein? Wer bringt das authentische Selbst in Ihnen hervor? Wer zwingt Sie geradezu, Sie selbst zu sein?

Bei der folgenden Übung geht es darum, zu entdecken, was Sie zu dem Menschen macht, der Sie sind. Wenn Sie das erkannt haben, können Sie viel leichter authentisch sein.

Wenn Sie Ihr echtes Selbst gefunden haben, dann werden die Menschen, die zu Ihrem Leben gehören wollen, es sicherlich ebenfalls finden.

FITNESSTRAINING FÜR SELBSTLIEBE: *Wer sind Sie?*

Nehmen Sie sich Zeit, darüber nachzudenken, was Sie so einzigartig macht. Denken Sie an Ihre guten Eigenschaften, Ihre Hoffnungen und Träume, aber auch an die kleinen und großen Schwächen, denn diese sind ebenfalls ein Teil von Ihnen.

Schließen Sie selbst Ihr gelegentliches Scheitern ein, denn auch das gehört zu Ihnen.

Denken Sie an die Menschen, die Sie beeinflusst haben, die halfen, Ihren Charakter zu prägen oder Sie selbst zu werden, die die Umgebung bereitstellten, in der Sie Sie selbst wurden ...

Denken Sie an Ereignisse, die Sie beeinflusst haben – jene, die halfen, Ihren Charakter zu zeigen, und andere, die diesen prägten.

Zeichnen oder malen Sie, wer Sie sind, oder schreiben Sie ein Gedicht über sich selbst.

Zusammengefasst heißt das ... Authentizität erzeugt Anziehungskraft. Und natürlich gibt es auch einen Gegenpol: Wenn wir nicht authentisch sind, stoßen wir andere unwillkürlich ab.

Kinder und Hundewelpen haben eine besonders starke persönliche Anziehungskraft, Erwachsene weniger, denn mit dem Heranwachsen lernen wir oft, uns nicht gut genug zu fühlen. Doch wenn wir erneut lernen, dass wir in der Tat gut genug sind und es immer waren, dann nimmt unsere Anziehungskraft wieder zu.

Das Ziel lautet nicht, Anziehungskraft zu haben. Das Ziel ist, authentisch zu sein und zu wissen, dass wir gut genug sind. Die Anziehungskraft ist bloß ein erkennbarer Indikator für unseren Fortschritt auf diesem Weg.

3. Teil

Sie sind wichtig

»Das Leben ist kurz, brich Regeln, vergib rasch, küsse langsam. Liebe aufrichtig. Lache unkontrollierbar und bereue niemals etwas, das dich zum Lächeln brachte.«
Mark Twain

10. Kapitel

Mitgefühl für sich selbst

»Vergiss nie, dass du dich irgendwann, in einem unbedachten Augenblick, selbst als Freundin gesehen hast.«
Elizabeth Gilbert, Eat, Pray, Love

Es war mitten in der Nacht, als Dobby, der Hauself, in Harry Potters Zimmer erschien, um diesem mitzuteilen, dass er sich in Lebensgefahr befand.

Mit dieser Warnung beging er Verrat an den Malfoys, seinen Herren. Jedes Mal, wenn er Harry etwas zutrug, strafte er sich daher selbst. Anfangs schlug er den Kopf gegen das Fenster, in späteren Szenen des Buches prügelt er sich selbst mit verschiedenen Gegenständen.[1]

Zum Glück bestrafen sich nur wenige Menschen selbst auf so offensichtlich brutale Weise, selbst wenn sie (scheinbar) etwas Falsches machen. Meist strafen wir uns selbst mit Worten. Doch auch die haben eine verheerende Wirkung. Eine Frau in einem meiner Workshops meinte, wenn sie andere Menschen so unflätig beschimpfen würde wie sich selbst, säße sie inzwischen im Gefängnis.

Wenn Selbstkritik eine olympische Disziplin wäre, bekämen wir nur sehr schwer eine Medaille. So viele Menschen sind darin nämlich meisterhaft, dass eine Riesenmenge um den Sieg ringen würde.

Wenn ich als Kind von jemandem beschimpft wurde, sangen

wir den Reim: »Sticks and stones can break my bones but words can never hurt me!« (Stöcke und Steine können mich ernsthaft verletzen, aber Worte niemals!) Das war zwar ein nützlicher Spruch, den man trotzig aufsagen konnte, aber auf diejenigen, die uns beschimpft haben, hatte das keine sonderliche Wirkung, und es vertrieb in keiner Weise den Schmerz, den die verletzenden Worte erzeugten.

In Wirklichkeit tun Worte nämlich weh. Das wissen wir alle. Es tut nicht nur weh, wenn jemand sie uns an den Kopf schleudert, sie schmerzen genauso, wenn wir uns selbst beschimpfen. Das Problem ist, dass Letzteres sehr viel öfter vorkommt. Klingen die folgenden Sätze für Sie irgendwie vertraut?

- »Ich bin ein solcher Idiot!«
- »Ich kann es nicht glauben, dass ich das gesagt/getan habe!«
- »Ich bin ein Versager!«
- »Ich bin völlig verrückt!«
- »Das kann ich einfach nicht.«
- »Das werde ich nie schaffen.«
- »Ich bin so dick und hässlich.«
- »Ich schäme mich für mich selbst.«

Das klingt nicht angenehm, nicht wahr? Wer hört sich so was schon gerne an?

Gegenmittel bei Selbstkritik

Würden Sie ein Kind kritisieren, wenn es bei seinen ersten Schritten stolpert? Würden Sie es einen Versager nennen? Ich glaube, nicht. Vermutlich würden Sie jedem Kind erlauben, Kind zu sein, das stolpert, fällt und sich seinen Weg durchs Leben sucht, indem es lernt, zu gehen und zu rennen. Doch sich selbst kritisieren Sie, wenn Sie mal stolpern und fallen im Leben. Dabei machen wir alle Fehler. Wir stellen auch oft großen Mist an. Schließlich sind wir bloß Menschen.

Selbstmitgefühl erkennt dies und sagt leise: »Das ist in Ordnung.«

Selbstmitgefühl ist das Gegenmittel zu Selbstkritik. Damit lassen sich aktiv Schmerzen oder Enttäuschungen lindern, manchmal in Form von ein paar freundlichen Worten oder Gedanken, manchmal durch ein schönes warmes Bad, manchmal sogar durch eine Eiscreme. Selbstmitgefühl ist sanft, im Gegensatz zu harscher Selbstkritik.

Eine Pufferzone für Fehler

Als mein Buch *Achte auf Deine Gefühle* veröffentlicht wurde, war ich sehr stolz, denn ich hatte viele Monate damit verbracht, Beweise dafür zusammenzutragen, dass Freundlichkeit und Mitgefühl gesund seien. Ich hatte auch einige inspirierende Geschichten über menschliche Freundlichkeit aufgezeichnet. Ziel meines Buches war, die Leser und Leserinnen anzuregen, einfach freundlicher zu sein. Ich hatte immer schon geglaubt, dass Freundlichkeit die Welt verändern kann. Zeitungen und Magazine hatten bereits Buchbesprechungen angekündigt, und im Frühstücksfernsehen war ein Interview mit mir geplant. Ich war high!

Doch einen Tag nach Erscheinen meines Buches wurde die erste Besprechung bei Amazon veröffentlicht: nur ein Stern! Der Beitrag stammte von einem Mann, der vermutlich das Buch nicht durchgelesen und völlig fehlinterpretiert hatte. Er sagte, ich würde die Leser auffordern, freundlich zu sein, nur damit sie sich selbst gut fühlten. Ich war mir nicht sicher, wie er das dem Buch entnommen haben konnte, und schloss daraus, dass er lediglich

Titel und Umschlagrückseite gelesen und ein paar Seiten überflogen hatte.

Aber ich war erst mal am Boden zerstört. Als ich seine Kritik las, wurde ich rot, und mein Gesicht glühte vor Hitze. All meine Arbeit war durch seine kritischen Worte dahin – ich war überzeugt, dass nun niemand das Buch kaufen würde!

In den nächsten Tagen, als immer mehr Leute mein Buch bestellten, sah ich erleichtert, dass sich die Fünf-Sterne-Besprechungen zu häufen begannen. Schnell fühlte ich mich viel besser.

Diese Erfahrung lehrte mich zwei Dinge: Erstens, mein Selbstwertgefühl hing eng damit zusammen, wie mein Buch aufgenommen wurde, und zweitens, ich hatte überhaupt kein Mitgefühl mit mir selbst!

Eigentlich war ich nicht besonders selbstkritisch, aber ich besaß keinen sicheren Hafen, wenn einmal etwas schieflief. Selbstmitgefühl ist ein solcher Hafen. Es ist der Teil in uns, der uns sanft die Hand auf die Schulter legt und freundlich sagt, dass alles gut werden wird und dass ein Scheitern nicht das Ende der Welt bedeutet.

Mitgefühl für einen selbst ist die Pufferzone für den Schmerz der Enttäuschung. Es verhindert, dass wir alles so persönlich nehmen. Es erinnert uns daran, dass es in Ordnung ist, auch mal einen schlechten Tag zu haben, mal zu scheitern und dass wir nicht versagt haben, nur weil wir mal nicht glücklich sind, keinen Erfolg oder keine Beziehung haben oder weil wir finanziell in Schwierigkeiten sind. Es gibt immer ein Morgen.

Selbstmitgefühl beleuchtet einen wichtigen Unterschied zwischen Selbstliebe und Selbstwert. Man kann diese beiden Begriffe meistens als Synonyme verwenden, und das habe ich auch in diesem Buch so gemacht. Aber manchmal gewinnen Menschen ihren Selbstwert nur aufgrund von Erfolg und Leistung. Wenn dann mal etwas nicht gut läuft, leiden sie. Ihr Selbstwertgefühl ist wie ein Boot auf dem Ozean, es hebt und senkt sich mit jeder neuen Welle.

Selbstliebe ist umfassender als Selbstwert. Denn dazu gehört das Selbstmitgefühl, das bei der Selbstachtung fehlt. Wenn wir uns wahrhaftig selbst lieben, dann wissen wir im Fall einer Enttäuschung, dass wir in Ordnung sind. Solche Dinge passieren einfach. Wir wissen, dass wir keine Versager sind, sondern dass sich etwas einfach nicht ergeben hat. Wir begreifen, dass wir Unterstützung, Freundlichkeit und Mitgefühl brauchen und auch darauf Anspruch haben. Daher bieten wir uns selbst diese Unterstützung und Freundlichkeit an oder suchen noch ein bisschen Extra-Zuwendung in den Armen eines geliebten Menschen oder eines Freundes, einfach weil wir wissen, dass wir das verdienen. Wir sind nämlich *gut genug*.

Bringen wir uns diese liebevolle Aufmerksamkeit entgegen, ist eine Enttäuschung nur halb so schlimm. Selbstmitgefühl hilft auch, unseren Selbstwert von Erfolgen und Leistungen zu trennen, und es bestätigt, dass wir gut genug sind. Wenn wir ein bestimmtes Ziel verfolgen, verhindert es, dass wir uns erst dann als gut genug beurteilen, wenn wir dieses Ziel erreicht haben.

Sicher wundert es niemanden, dass Selbstmitgefühl äußerst gesund ist.

Selbstmitleid ist gesund – und zwar dreifach!

Forschungsstudien über Selbstmitgefühl haben eindeutig ergeben, dass es dreifach positiv wirkt.[2] Es verhindert nämlich drei Arten von »Entzündungen«:

1. Körperliche Entzündungen
2. »Entzündungen im Selbstwert« (in Form von Selbstkritik)
3. »Entzündungen« in Beziehungen.

1. Selbstmitgefühl verhindert körperliche Entzündungen

Eine Forschungsstudie aus dem Jahr 2014 befasste sich mit der Verbindung zwischen Selbstmitgefühl und Entzündungen, die durch Stress entstehen. Das klingt vielsprechend, nicht wahr?

Doch ehe wir dies weiter erläutern, möchte ich erwähnen, dass Entzündungen nicht per se etwas Schlimmes sind. Sie sind ein wichtiger Bestandteil unseres Immunsystems als Reaktion auf eine Verletzung. Das wird offensichtlich, wenn die Haut um die Wunde rot wird und anschwillt. Auf diese Weise werden Blut, Sauerstoff und Nährstoffe an den Ort der Verletzung gebracht, was den Heilungsprozess beschleunigt. Das Gleiche spielt sich auch im Körperinnern ab, denn unser Körper kümmert sich auf gleiche Weise um die »Verletzungen«, die Stress und ein ungesundes Leben verursachen. Wiederum bewirken die kleinen Entzündungen, dass der Körper gesundet. Ein Problem entsteht erst, wenn sich zu häufig zu viele Entzündungen entwickeln, was auf kontinuierlichen Stress und eine ungesunde Lebensführung verweist. Mit der Zeit, wenn wir mit dem tagtäglichen Stress, den Frustrationen und dem Ärger nicht mehr umgehen können und die dadurch bewirkten Entzündungen zunehmen, kann dies alle möglichen weiteren Schäden im Körper hervorrufen, darunter Herz- und Gefäßkrankheiten, und sogar das Krebsrisiko erhöhen.

Solche Entzündungen kann man mit einem tropfenden Wasserhahn vergleichen, wenn gleichzeitig der Ausfluss blockiert ist. Das Becken wird schließlich voll, läuft über und verursacht größere Folgeschäden.

Doch zurück zur Studie über Selbstmitgefühl. Um das Mitgefühl für sich selbst zu messen, wurden die Teilnehmer gebeten, eine Reihe von Aussagen entweder zu bejahen oder sie abzulehnen. Wenn man einer Aussage wie »Ich versuche, einige Aspekte meiner Persönlichkeit, die ich nicht mag, verständnisvoll und geduldig hinzunehmen« zustimmte, sollte das auf Selbstmitgefühl hinweisen. Eine Ablehnung dagegen wurde als Mangel an Selbstmitgefühl interpretiert.

41 Teilnehmer nahmen an dieser Studie teil, und man stellte fest, dass diejenigen, die mehr Selbstmitgefühl zeigten, weniger stresserzeugte Entzündungen hatten. Ihr Blutbild wies weniger Entzündungsindikatoren auf.[3]

Überlegen Sie einmal, was das bedeutet! Mitgefühl mit uns selbst schützt unseren Körper. Es schützt nicht nur vor stresserzeugten Entzündungen, sondern man nimmt heute auch an, dass es gegen verschiedene Krankheiten wirkt, unter anderem Herz- und Gefäßkrankheiten, Krebs, Arthritis, Diabetes und sogar Alzheimer.

In unserem Vergleich von vorhin bedeutet das, man würde einen sehr guten Dichtungsring an dem Wasserhahn anbringen, damit er nicht mehr tropft, und gleichzeitig den Stöpsel im Becken herausziehen.

Bei einer Untersuchung aus dem Jahr 2009 lehrte man die Teilnehmer Selbstmitgefühl, um die Wirkungen von Mitgefühl (für sich selbst und andere) auf Entzündungen festzustellen.[4] An dem sechswöchigen Training nahmen 33 Personen im Alter von 17 bis 19 Jahren teil. Dazu gehörten Strategien, wie Mitgefühl für sich selbst zu entwickeln und die Praxis der Metta-Meditation. Diese Meditation ist eine der ältesten Formen der buddhistischen Meditation. Der Begriff »Metta« entstammt der mittelindischen Sprache *Pali* und bedeutet übersetzt so viel wie »Freundschaft«, »Allgüte« oder »Freundlichkeit«. Ziel der Meditationsübungen ist das Erreichen einer liebevollen, wohlwollenden Haltung gegenüber sich selbst und allen fühlenden Wesen.

Die Freiwilligen in der Studie wurden mit 28 Personen der gleichen Altersgruppe verglichen, die nichts über Selbstmitgefühl lernten, sondern stattdessen Gruppendiskussionen über Gesundheit besuchten. Das war die Kontrollgruppe.

Nach den sechs Wochen gab man allen Teilnehmern eine Aufgabe, bei der sie einem gewissen Druck ausgesetzt wurden, damit die Wissenschaftler von Stress ausgelöste Entzündungen untersuchen konnten. Die Aufgabe ist als TSST bekannt: »Trier Social Stress Test«. Diejenigen, die gelernt hatten, Mitgefühl für sich selbst zu entwickeln, wiesen eine viel geringere Anzahl von Entzündungen im Körper auf als die Kontrollgruppe. Wichtig war auch, wie häufig man geübt hatte. Diejenigen mit den häufigsten Lektionen pro Woche (sechs bis neun) hatten noch niedrigere Entzündungswerte als diejenigen mit nur zwei Stunden.

2. Selbstmitgefühl reduziert »Entzündungen« des Selbstwerts (in Form von Selbstkritik)

Der zweite Typ von »Entzündung«, dem durch Selbstmitgefühl entgegengewirkt wird, ist die Selbstkritik.

Durch die Praxis der erwähnten buddhistischen Metta-Meditation lässt sich Selbstkritik erheblich reduzieren, besonders bei Menschen, die sich besonders häufig selbst kritisieren.

Bei einer Untersuchung im Jahr 2004 wurden 38 Teilnehmer, die bei einer Messung von Selbstkritik hohe Werte erzielten, willkürlich in zwei Gruppen eingeteilt, von denen die eine die Metta-Meditation praktizierte, die andere nicht. Jede Gruppe bestand aus 19 Teilnehmern.

Man stellte fest, dass die Teilnehmer, die Selbstmitgefühl gelernt hatten, deutlich weniger Selbstkritik übten als am Anfang. Drei Monate später wurde die Untersuchung wiederholt, um festzustellen, wie dauerhaft diese Wirkung sein würde. Dabei erwies sich, dass die Meditationsgruppe weiterhin weniger Selbstkritik übte. Die Teilnehmer waren nicht in die alte kritische Verhaltensweise zurückgefallen, sie hatten tatsächlich gelernt, sich selbst freundlicher und sanfter zu behandeln.[5]

Bei einer weiteren Untersuchung mit 139 Teilnehmern stellte man fest, dass ein siebenwöchiger Kurs in Metta-Meditation auch veränderte, wie oft man tagsüber positive Emotionen erlebte, etwa Liebe, Freude, Dankbarkeit, Zufriedenheit, Hoffnung, Stolz, Interesse, Belustigung und Ehrfurcht.

Dieses emotionale Wachstum hatte auf die Teilnehmer unterschiedliche Wirkung. Sie empfanden mehr Selbstwirksamkeit, größere Zufriedenheit und sahen ihr Leben insgesamt als sinnvoller an. Dementsprechend optimistischer blickten sie der Zukunft entgegen. Sie erlebten auch mehr Zufriedenheit in ihren Beziehungen. Oh, und ihr allgemeiner Gesundheitszustand verbesserte sich ebenfalls.[6]

3. Selbstmitgefühl verringert »Entzündungen« in Beziehungen

Die Metta-Meditation reduziert auch die Entzündungen in Beziehungen. Besonders wirksam ist sie bei der Verbesserung von problematischen persönlichen Beziehungen, ob mit dem Partner, Kollegen oder sogar Menschen, die man als Feinde betrachtet. Wir kultivieren bei dieser Meditation ein Gefühl von Liebe und Mitgefühl gegenüber der Person (oder mehreren Personen), die uns herausfordern. Dabei werden die feindseligen Gefühle allmählich durch Verständnis, Wohlwollen und Sanftheit ersetzt.

Manche Menschen *wollen* allerdings ihre negativen Gefühle gegenüber bestimmten Menschen gar nicht aufgeben und klammern sich jahrelang an ihre Wut. Sie glauben, dass die Betroffenen dies verdient hätten. Das mag vielleicht sogar stimmen, aber Feindseligkeit gegenüber anderen ist sehr ungesund für uns selbst. Haben wir das etwa verdient?

Falls wir es uns zum Ziel gemacht haben sollten, an einer

Herzkrankheit zu sterben, dann ist Feindseligkeit vermutlich der schnellste Weg dorthin, zumindest ist es ebenso wirksam wie eine ungesunde Ernährung. Es ist schon verblüffend, wie das Innere das Äußere spiegelt, denn Wissenschaftler haben festgestellt, dass unsere Arterien sich verhärten, wenn wir ständig Härte gegenüber anderen zeigen. Die Studie hierzu trägt den Titel: »Harte Beziehung, hartes Herz«.[7] Dabei wurde eine Reihe von Ehepaaren untersucht. Man beobachtete deren Verhalten und wie sie miteinander kommunizierten. Die Paare wurden danach beurteilt, ob sie sich gegenseitig freundlich, liebevoll, mitfühlend, geduldig und mit Zuneigung behandelten oder ob sie Feindseligkeit und Aggression zeigten, dominierendes oder tyrannisierendes Verhalten aufwiesen.

Die Ergebnisse waren eindeutig. Diejenigen, die sich am feindseligsten verhielten, wiesen auch die stärkste Verhärtung der Herzkranzgefäße auf.

Diese Arterienschäden waren nicht durch die Lebensweise oder die Ernährung verursacht worden, sondern durch Feindseligkeit und Aggression.

Mitgefühl mit sich selbst ist das beste Gegenmittel gegen Feindseligkeit, Aggressionen und Wut. Die Metta-Meditation ist dabei besonders wirksam, denn sie kultiviert nicht nur das Mitgefühl für sich selbst, sie kultiviert auch Empathie und Mitgefühl für andere.

Wenn wir uns also innerlich lockern (emotional wie physisch), werden wir auch weicher in unseren Interaktionen mit anderen, und dies macht alle Beziehungen sanfter. Es hilft, ein Gefühl von Vertrauen und Verbundenheit mit Menschen herzustellen, die wir gar nicht gut kennen, selbst mit völlig Fremden. Es hilft, das soziale Netz zu stärken.

Das war jedenfalls das Ergebnis einer Studie der Stanford Universität, bei der 45 Teilnehmer die Metta-Meditation ein paar

Minuten täglich praktizierten. Dann verglich man sie mit 48 Freiwilligen einer Kontrollgruppe, die diese Meditation nicht mitgemacht hatte.[8]

Die angewandte Version der Meditation war einfach. Jeder Teilnehmer sollte sich vorstellen, dass zwei geliebte Menschen neben ihnen stünden, denen er seine Liebe zusenden würde. Einige stellten sich vor, diese Liebe wie einen rosa Lichtball zu senden, andere drückten nur Wünsche für Liebe, Gesundheit und Glück aus. Die verschiedenen Formen erwiesen sich alle als gleichermaßen effektiv. Anschließend wurden die Teilnehmer aufgefordert, einem Fremden diese liebevollen, mitfühlenden Gefühle zukommen zu lassen.

Schon eine kurze Meditation half den Beteiligten, sich mit sowohl geliebten Menschen als auch völlig Fremden verbunden zu fühlen.

Auf dem Weg zu Fortkommen und Erfolg erweisen sich Beziehungen als fundamental. Und der Schlüssel zu Beziehungen ist, die Schutzbarrieren zu senken und Verbindungen zuzulassen. Wie Sie wissen, geschieht das durch den Mut, man selbst zu sein und keine Schwächen zu verbergen. Doch Beziehungen vollziehen sich auch aufgrund von Mitgefühl mit sich selbst.

Mit etwas Übung kann die Metta-Meditation helfen, Vertrauen und Mitgefühl ganz automatisch aufzubauen. Mit anderen Worten, wir brauchen darüber nicht einmal nachzudenken.

Mitgefühl und der Vagusnerv

Der Superstar bei der Reduzierung von Entzündungen ist der Vagusnerv. Dieser Nerv ist der längste im Körper, denn er erstreckt sich von der Wurzel des Stammhirns durch den gesamten Körper. Sein Name ist aus dem Lateinischen abgeleitet, der »Wanderer«, denn er ist so lang, dass er praktisch den gesamten

Körper durchwandert und mit dem Herzen, dem Magen und anderen Organen verbunden ist.

Mitgefühl und Vagusnerv sind eng miteinander verzahnt. Wissenschaftlich ausgedrückt würde man sagen, sie korrelieren insofern, als Menschen, die viel Mitgefühl haben, einen hohen Vagus-Tonus aufweisen. Ein hoher Vagus-Tonus ist gesund, denn es bedeutet, dass Entzündungen auch dann selten sind, wenn wir dem Vagusnerv viel zu tun geben, genau wie ein körperlich fitter Mensch intensivere körperliche Übungen besser bewältigen kann als jemand, dessen Kondition nicht so gut ist.

Der Vagusnerv ist im Körper die Nummer eins, wenn es um die Kontrolle von Entzündungen geht. Nach einer Verletzung steigt der Entzündungswert maximal an, um zur Heilung beizutragen. Doch wenn dieses Ziel erreicht ist, bremst der Vagusnerv den Vorgang und sorgt dafür, dass er nicht außer Kontrolle gerät. Er hält Entzündungen im Körper in Schach, indem er ein Signal an die Immunzellen bis hin zur DNS aussendet. Dieses Signal vermittelt bestimmten Entzündungsgenen abzuschalten.

Die Wirkung von Selbstmitgefühl zieht sich also durch das gesamte Nervensystem bis hin zur genetischen Ebene. Ist das nicht erstaunlich?

Eine der Hauptstrategien gegen starke Schmerzen sind entzündungshemmende Medikamente, doch dies erklärt, warum die Metta-Meditation erwiesenermaßen chronische Schmerzen lindern kann. Der Schmerz lässt nach, wenn die Entzündung auf der genetischen Ebene abgestellt wird.

Bei einer Forschungsstudie, an der 43 Teilnehmer mit chronischen Rückenschmerzen teilnahmen, absolvierte knapp die Hälfte einen achtwöchigen Kurs in Metta-Meditation, wohingegen der Rest die Standardbehandlung bei Rückenschmerzen erhielt. Am Ende litten die Teilnehmer, die meditiert hatten, deutlich seltener an Rückenschmerzen.[9]

Eine andere Studie über Rückenschmerzen am Boston College kam zum Ergebnis, dass Patienten mit chronischen Rückenschmerzen sich besser fühlten, wenn sie anderen Schmerzpatienten halfen. Die Intensität der Rückenschmerzen ließ bei diesen Teilnehmern, die sich um andere kümmerten, deutlich nach.[10]

Möchten Sie nicht auch ein paar Strategien lernen, wie man Mitgefühl mit sich selbst entwickelt?

Selbstmitleid-Strategie 1: Gedanken austauschen

Ein guter Weg zu mehr Mitgefühl mit sich selbst ist zu üben, anders zu denken. Innere Härte ist eine Angewohnheit. Und genau wie jede Angewohnheit kann sie mit ein bisschen Übung verändert werden. Wenn ich hier »Übung« sage, meine ich, dass alles, das wir irgendwie meistern wollen, geübt und trainiert werden muss. Kein Mensch ist nach ein paarmal Joggen jemals Olympiasieger geworden.

Wenn wir Selbstmitgefühl üben, werden wir besser darin, freundlicher und wohlwollender uns selbst gegenüber zu sein.

Fangen wir an:

FITNESSTRAINING FÜR SELBSTLIEBE:
Gedanken austauschen

Die einfachste Strategie, Selbstmitgefühl zu entwickeln, besteht darin, dass man einen selbstzerstörerischen Gedanken gegen einen freundlichen eintauscht. Bei dieser Übung legen Sie sich einen Vorrat an sanften, wohlwollenden Gedanken zu, auf den Sie dann stets Zugriff haben.

- Stellen Sie eine Liste auf, wann Sie anderen Menschen Freundlichkeit, Mitgefühl oder Geduld erwiesen oder sie mit Sanftheit behandelt haben.

- Stellen Sie eine Liste Ihrer positiven Eigenschaften auf, Ihrer Fertigkeiten und Leistungen.

- Machen Sie eine dritte Liste und zählen Sie diesmal auf, wie Sie mit einer schwierigen Situation fertigwurden oder Mut gezeigt haben.

- ... und eine vierte Liste mit Ihren glücklichsten Erinnerungen.

- Jedes Mal, wenn Sie sich bei einer Selbstkritik erwischen, holen Sie tief Luft, atmen langsam und tief aus und zitieren einen oder mehrere Punkte aus Ihren Listen.

Das klingt vielleicht simpel, aber dabei geschehen zwei Dinge. Als Erstes zieht das Einatmen Ihre Aufmerksamkeit von der Kritik fort. Dabei verlagert das Gehirn Energien von den Stresszentren hin zu den bewussten Kontrollbereichen. Das verhindert, dass Sie nun einen Kreislauf aus negativen, selbstzerstörerischen Gedanken beginnen.

Als Zweites verringern Sie Ihre innere Verhärtung, indem Sie den selbstkritischen Gedanken durch eine positive Erinnerung ersetzen.

Der Trick besteht darin, sich von Anfang an von den Fesseln der harten Gedanken zu befreien und jene negativen Gedanken durch einen oder mehrere von Ihren Listen zu ersetzen. Ich sagte schon, das wird mit ein bisschen Übung immer leichter.

Es scheint vielleicht unwahrscheinlich, dass die bloße Erinnerung an etwas Positives die Selbstkritik zum Verschwinden bringt, aber es trifft zu. Wenn Sie sich oft und gerne selbst kritisieren, dann haben Sie das ebenso eingeübt. Sie lernen praktisch bloß, das zu verändern, was Sie bisher ausgeübt haben.

Nach einiger Zeit werden sich die neuronalen Pfade in Ihrem Gehirn neu vernetzt haben. Falls es für Sie normal war, sich selbst niederzumachen, dann wird es nun zur Selbstverständlichkeit, Geduld, Verständnis und Mitgefühl aufzubringen.

Ich erkläre hier bewusst den neurobiologischen Hintergrund, denn wenn man weiß, was sich im Gehirn abspielt, dann fällt es einem leichter, die dazu nötige Anstrengung aufzubringen.

Selbstmitgefühl-Strategie 2: Die Metta-Meditation

Diese traditionelle buddhistische Meditation ist, wie Sie nun schon wissen, ein wirkungsvolles Instrument, um Mitgefühl mit sich selbst zu üben. Die meisten Leute denken, es ginge bei Metta um Mitgefühl für andere, und das stimmt auch grundsätzlich. Doch die Voraussetzung, um überhaupt echtes Mitgefühl für jemanden aufbringen zu können, ist, es für sich selbst zu empfinden. Deshalb geht es bei dieser Meditation zu Beginn also darum, dass Sie Wohlwollen und Freundlichkeit gegenüber sich selbst entwickeln. Sie erreichen dies, indem Sie sich bestimmte Sätze immer wieder selbst sagen.

Das Ziel der Metta-Meditation ist, in fünf Schritten ein Gefühl von Mitgefühl und Freundlichkeit zu stärken: zuerst für uns selbst, dann für andere Menschen (uns nahestehende, uns flüchtig bekannte, für uns problematische – in dieser Reihenfolge) und schließlich praktisch für jeden auf der Welt. Der Kreis unseres Mitgefühls erweitert sich also jedes Mal.

FITNESSTRAINING FÜR SELBSTLIEBE: *Die Metta-Meditation*

❖ Im ersten Schritt beginnen Sie beim Mitgefühl mit sich selbst. Sprechen Sie dreimal hintereinander folgende Sätze:

»Möge ich von Liebe und Freundlichkeit erfüllt sein.
Möge ich gesund, friedlich und entspannt sein.
Möge ich glücklich und frei von Leid sein.«

Ob Sie einen dieser Sätze mehrmals wiederholen oder sie nacheinander sagen, entscheiden Sie selbst. Sie können die Formulierung natürlich auch nach Belieben abwandeln oder ergänzen. Probieren Sie verschiedene Versionen aus und finden Sie heraus, welche am besten zu Ihnen passt. Wenn Sie sich allerdings extrem unglücklich und haltlos fühlen, ist es besser, mit »Möge ich ...« zu beginnen. Jetzt aktuell sind Sie schließlich nicht von Liebe und Freundlichkeit erfüllt, jetzt gerade sind Sie überhaupt nicht glücklich. Da hat es wenig Sinn, die Sätze mit »Ich bin ...« anzufangen. Durch das »Möge ich ...« lassen Sie zumindest die Aussicht zu, sich in Richtung Glück zu entwickeln. Es kann übrigens auch helfen, wenn Sie beim Sprechen eine Hand sanft auf die Herzgegend legen.

- Im zweiten Schritt denken Sie an einen geliebten Menschen. Stellen Sie ihn sich so genau wie möglich vor, versuchen Sie, ihn zu spüren und ihm Wohlwollen und Freundlichkeit zukommen zu lassen. Orientieren Sie sich dabei an den Sätzen aus dem ersten Schritt und sprechen Sie wieder dreimal:

  *»Mögest du von Liebe und Freundlichkeit erfüllt sein.
  Mögest du gesund, friedlich und entspannt sein.
  Mögest du glücklich und frei von Leid sein.«*

- Dann wiederholen Sie im dritten Schritt das Gleiche dreimal für eine neutrale Person, jemanden, den Sie öfter sehen, aber nicht wirklich kennen. Vielleicht begegnen Sie ihm öfter bei der Arbeit auf dem Gang, vielleicht ist es die Frau an der Kasse in Ihrem Supermarkt.

- Darauf folgt der vierte Schritt: die Arbeit mit einer schwierigen Person, der Sie dreimal gedanklich Ihre Sätze sagen. Das kann durchaus auch ein geliebter Mensch sein. Für manche sind die schwierige Person und der geliebte Mensch identisch. Manche wenden sich hier auch an einen Menschen, der sie gemobbt hat.

  Sie werden wahrscheinlich feststellen, dass es eine ziemliche Herausforderung darstellt, diesem Menschen Wohlwollen und Liebe zu senden. Versuchen Sie, ihn mit seinen Ängsten, Erlebnissen und Schwierigkeiten zu visualisieren, dann können Ihr Konflikt und Ihr Ärger eher in den Hintergrund rücken. Natürlich lösen sich durch die Meditation die Probleme nicht in Luft auf, doch indem Sie üben, Ihre innere Haltung zu verändern, können Sie der Person auch im realen Leben entspannter begegnen.

- Schließlich richten Sie im fünften Schritt die Sätze an die ganze Welt und wiederholen dreimal:

  Mögen alle Lebewesen von Liebe und Freundlichkeit erfüllt sein.
  Mögen sie gesund sein, friedfertig und entspannt.
  Mögen sie glücklich und ohne Leiden sein.«

Damit ist der Zyklus vollendet.

Man kann dies so oft wiederholen wie gewünscht. Wenn Sie weiter meditieren wollen, beginnen Sie wieder bei sich selbst. Dann könnten Sie sich auf einen anderen geliebten Menschen konzentrieren oder eine andere neutrale Person oder die gleiche, auf eine andere oder die gleiche schwierige Person, ehe Sie den Zyklus mit allen Lebewesen beenden. Manche Leute vollziehen mehrere Zyklen und arbeiten alle geliebten Menschen durch, konzentrieren sich aber jedes Mal auf die gleiche schwierige Person.

Es gibt keine bestimmten Regeln, die besagen, dass man diese Meditation nur auf besondere Weise praktizieren kann. Es geht um das Gefühl des Wohlwollens, der Freundlichkeit und Liebe, und daher ist es in Ordnung, wie immer Sie dieses Gefühl für sich aufbauen. Man braucht nicht einmal den hier beschriebenen Anweisungen zu folgen. Manche halten sich an das Protokoll der oben erwähnten Studie, indem man sich zwei geliebte Menschen und zwei fremde vorstellt. Andere fügen ein »Lieber Gott« hinzu, etwa so: »Lieber Gott, möge (Name) von Liebe und Freundlichkeit ...« Dann wird das Ganze zu einem Gebet für Liebe und Wohlwollen anstelle einer Meditation.

Selbstmitgefühl-Strategie 3: Hören Sie auf Ihren inneren Buddha

Es ist uns vielleicht nicht bewusst, aber jeder hat einen inneren Buddha. Das ist der weise, mitfühlende Teil in uns, der nichts mit der lauten Stimme in unserem Kopf zu tun hat, die uns kritisiert und uns klein und elend fühlen lässt. Insgesamt gibt es also drei Bestandteile in uns: den Kritiker, den Kritisierten/Verletzten und den Buddha.

Das ist bei allen Menschen ähnlich. Wenn wir uns das Leben selbst schwer machen, setzt sich die Stimme des inneren Kritikers durch. Es wäre daher eine sehr nützliche Strategie für mehr Selbstmitgefühl, stattdessen auf den inneren Buddha zu hören. Dazu braucht man bloß die Aufmerksamkeit richtig zu lenken.

FITNESSTRAINING FÜR SELBSTLIEBE: *Auf den inneren Buddha hören*

- Sie brauchen dazu ein Blatt Papier und drei Stifte in unterschiedlichen Farben, einen für den Kritiker, einen für den Kritisierten und einen für den inneren Buddha.
- Der *Kritiker* ist die eigene Stimme der Selbstkritik. Sie klingt oft wie die Stimme eines Elternteils, eines Lehrers oder auch wie die des Ehemanns oder der Ehefrau.
- Der *Kritisierte* ist der Teil in Ihnen, der sich durch diese Kritik verletzt fühlt.
- Der *innere Buddha* ist die Stimme Ihres klugen, mitfühlenden Selbst.

- Denken Sie an etwas, für das Sie sich regelmäßig und oft Vorwürfe machen. Dann schreiben Sie auf, was der Kritiker dazu zu sagen hat. Notieren Sie es genau so, wie Sie die Worte gewöhnlich hören. Besonders grobe Worte kann man in Großbuchstaben aufschreiben, wenn es dadurch echter wirkt.
- Dann schreiben Sie mit einem andersfarbigen Stift auf, was der Kritisierte zu den Vorwürfen zu sagen hat. Tut es weh? Dann sagen Sie es! Sie können hier erklären, was Sie versucht haben und dass die Kritik dabei überhaupt nicht hilft. Eigentlich hindert sie Sie bloß. Sagen Sie alles, was Sie sagen wollen. Seien Sie dabei ehrlich.
- Erlauben Sie dem Kritiker, darauf zu antworten, wenn dieser das für nötig hält.
- Wenn Sie so weit sind, nehmen Sie wieder einen andersfarbigen Stift und erlauben Sie dem inneren Buddha, etwas dazu zu sagen. Er ist der freundlichste, sanfteste, liebevollste und mitfühlendste Aspekt Ihrer Seele. Was würde er dazu sagen? Würde es für Sie gelten? Für den Kritiker? Oder für beide?

Wenn der innere Buddha gesprochen hat, gestatten Sie dem Kritiker und dem Kritisierten oder beiden, darauf zu antworten. Sie können dieses Gespräch so lange fortsetzen, wie Sie wollen. Beenden Sie es erst, wenn Sie das Gefühl haben, dass alles gesagt wurde. Sorgen Sie aber dafür, dass der innere Buddha das letzte Wort hat.

Zusätzlich zu dieser Übung können Sie auch, wenn das Gespräch beendet ist, einen Brief an Ihren inneren Buddha schreiben, der so lang oder kurz sein kann, wie Sie es wünschen. Dann schicken Sie diesen Brief ab. Er wird Sie in ein paar Tagen, wenn er von der Post geliefert wird, an Ihre eigene Weisheit erinnern.

Selbstmitgefühl-Strategie 4: Nehmen Sie eine mitfühlende Haltung ein

Erinnern Sie sich an die »Power«-Haltung vom Anfang dieses Buches? Die »Power«-Haltung zeigt einem, dass Gedanken, Gefühle, die Gehirnchemie und das Verhalten allesamt davon beeinflusst werden, was wir mit unserem Körper anfangen. Im weiteren Sinne gilt das für jede Körperhaltung. Warum nicht also auch eine Pose einnehmen, die Mitgefühl ausdrückt?

Fitnesstraining für Selbstliebe: *Die Körperhaltung des Mitgefühls*

Ich habe festgestellt, dass man seine Gedanken, Gefühle, die Gehirnchemie und das Verhalten in Richtung Selbstmitgefühl ausrichten kann, wenn man eine Haltung einnimmt, die Mitgefühl ausdrückt. Man kann diese Haltung auch auf Mitgefühl für andere ausweiten.

- Sie können dabei sitzen oder stehen. Nehmen Sie eine Haltung ein oder gehen ein paar Bewegungen durch, die Mitgefühl für einen selbst ausdrücken. Sie entspannen dabei etwa Ihre Gesichtsmuskeln, der Blick wird weicher, und Sie lächeln sanft und freundlich. (Üben Sie vor einem Spiegel, wenn Ihnen das leichter fällt.) Vielleicht legen Sie die Hände aufs Herz oder umarmen sich selbst dabei.

❖ Halten Sie diese Pose etwa zwei Minuten lang.

Mit regelmäßiger Übung macht man sich diesen eindrucksvollen Trick der Neurobiologie zunutze und drückt Mitgefühl für sich selbst und für andere aus.

Zusammengefasst heißt das ... Selbstmitgefühl ist ein Gegenmittel zu Selbstkritik und eine Pufferzone gegen Ärger, wenn die Dinge nicht so gut laufen. Es ist die Kunst, sich selbst mit der gleichen Geduld und Freundlichkeit und dem gleichen Verständnis zu begegnen, wie wir andere behandeln würden, wenn sie Fehler machen, sich verletzt oder enttäuscht fühlen oder etwas nicht schaffen.

Selbstmitgefühl ist äußerst gesund und wirkt gegen Entzündungen im Körper. Auf diese Weise schützt es vor Krankheiten. Es wirkt tatsächlich dreifach, denn es reduziert nicht nur die natürlichen Infektionen, sondern auch die Eigenentzündungen (= Selbstkritik) und die Entzündungen innerhalb von Beziehungen.

Um Selbstmitgefühl zu lernen, können wir bestimmte Strategien anwenden, etwa wie man Gedanken austauscht, wie man über Liebe und Freundlichkeit meditiert, auf den inneren Buddha hört und wie man eine bestimmte Körperhaltung einnimmt, die Selbstmitgefühl ausdrückt.

11. Kapitel

Vergeben

»Ein Schlüsselelement für Glück ist ein schlechtes Gedächtnis.«
RITA MAE BROWN

Wir alle machen Fehler. Wir alle haben schon einmal eine falsche Entscheidung getroffen. Wir alle haben andere Menschen verletzt. Irgendwann haben wir uns alle weniger gut benommen, und manchmal mit unangenehmen Folgen. Das bedeutet, dass wir alle Vergebung nötig haben.

Sich selbst vergeben

Ein Stolperstein bei der Entwicklung von Selbstliebe ist manchmal, dass man sich selbst nicht vergeben kann. »Wie kann ich mich selbst lieben, wenn ich doch dieses oder jenes getan habe?«, fragen sich zahlreiche Menschen.

Glauben Sie mir, Sie sind nicht allein mit Ihrer Reue! Diese Gedanken und Gefühle kennt jeder. Manche Menschen bereuen etwas sehr Fundamentales, andere etwas weniger Gravierendes. Doch wichtig ist, sich stets in Erinnerung zu rufen, dass jeder irgendetwas bedauert.

Es ist wichtig für unser seelisches Wohlbefinden, dass wir über diese Stolpersteine hinwegkommen. Dafür ist Vergebung, genauso wie Selbstmitgefühl, sehr wichtig. Wissenschaftliche

Studien haben ergeben, dass Vergebung, sich selbst oder anderen gegenüber, gut für das Herz ist.[1]

Vergebung erweitert genauso wie Selbstmitgefühl tatsächlich die Arterien und verstärkt den Blutstrom zum Herzen hin. Vergebung verbessert die Herzfunktion bei Menschen nach einem Infarkt. Sie stärkt das Immunsystem. Menschen, die lernen zu vergeben, neigen seltener zu Depressionen, Wut, Groll, Verletzlichkeit, Stress und Angst und haben weniger Rachebedürfnisse. Insgesamt ist Vergebung also eine sehr gesunde Sache.

Beginnen Sie daher mit dem folgenden Prozess, sich selbst zu vergeben.

FITNESSTRAINING FÜR SELBSTLIEBE: *Sich selbst vergeben*

- ❖ Denken Sie darüber nach, inwiefern Vergebung gut für Ihre Gesundheit ist (siehe oben). Manchen hilft es, wenn sie das zeichnen oder malen. Vielleicht malen Sie ein Herz mit einem Smiley oder ein Bild von sich selbst, wie Sie entspannt und friedlich wirken.
- ❖ Hat es irgendeinen Sinn, wenn man sich Fehler, die man in der Vergangenheit machte, vorwirft? Falls nicht, warum tun Sie es dann? Beeinträchtigen diese Vorwürfe vielleicht Ihre Gesundheit, die seelische wie die körperliche? Denken Sie darüber nach. Sorgt das ständige gedankliche Kreisen um alte Fehler vielleicht dafür, dass Sie sich nicht recht weiterentwickeln in Ihrem Leben?
- ❖ Wie könnte Ihr Leben aussehen, wenn Sie mit den Selbstvorwürfen aufhören würden?

- Schreiben Sie einen positiven Satz oder eine Affirmation auf, die Ihnen helfen könnte, wenn Sie wieder die negativen Gedanken im Kopf herumwälzen. Vielleicht benutzen Sie Sätze wie: »Ich entscheide mich, mich von alten Mustern zu lösen, und mache mich dadurch frei.«
- Und nun arbeiten Sie an Ihrem Selbstmitgefühl. Machen Sie sich klar, dass jeder Fehler macht, falsche Entscheidungen trifft, andere Menschen verletzt und sich selbst von Zeit zu Zeit aus den Augen verliert ... Denken Sie daran, dass wir alle bloß Menschen sind.
- Jetzt überlegen Sie, was Ihr innerer Buddha dazu zu sagen hätte. Falls Sie einem nahestehenden Menschen helfen wollten, etwas zu vergeben, und dieser hätte dabei Probleme, was würden Sie zu ihm sagen – und *wie* würden Sie es sagen?
- Buße tun ist nicht immer nötig, aber falls es für Sie wichtig ist, dann tun Sie es. Falls Sie in der Vergangenheit jemanden verletzt oder beleidigt haben, gibt es eine Möglichkeit, dies jetzt wiedergutzumachen? Könnten Sie sich entschuldigen? Oder könnten Sie Ihr Verhalten ändern, um die Sache auszugleichen?

Dieser Prozess, sich selbst zu vergeben, kann so oft vorgenommen werden, wie Sie es für nötig befinden, bis das Problem genügend gelöst ist. Viele gehen den Prozess über das gleiche Thema vier bis sechs Wochen lang wöchentlich durch. Andere tun es täglich an vier Tagen hintereinander. Vergebung ist ein Prozess, der sich nicht beschleunigen lässt. Es geht nicht darum, eine Zauberformel zu finden, einen einzigen Gedanken, der Sie von der Vergangenheit erlöst. Sicher, das kommt auch vor, aber für die meisten Menschen ist das Durcharbeiten des Problems mehrfach und wiederholt der beste Weg, um inneren Frieden zu finden.

Und hier ist ein weiterer einfacher Prozess, sich selbst zu vergeben:

FITNESSTRAINING FÜR SELBSTLIEBE: *Was war meine Absicht?*

Nehmen wir an, Sie haben einmal die Gefühle eines anderen Menschen verletzt und bereuen das nun. Nehmen wir an, es war ein Partner, Angehöriger oder enger Freund.

- Hatten Sie wirklich die Absicht, diese Person zu verletzen, oder waren Sie in dem Moment einfach überfordert oder durcheinander? Fragen Sie sich: »Was war meine Absicht dabei?« Schauen Sie unter die Oberfläche und forschen Sie nach, was Sie zu dem Zeitpunkt dachten und fühlten, auch wenn dabei herauskommt, dass Sie wütend waren und die Person tatsächlich verletzen wollten.

  Stellen Sie sich vor, Sie sind ein Beobachter der Szene und betrachten Ihr eigenes Gesicht. Sehen Sie wütend aus? Was steckt hinter dieser Wut? Verletzlichkeit? Schmerz?

- Schauen Sie noch näher hin. Was steckt dahinter? Angst? Die Angst, nicht geliebt zu werden? Die Angst, die Verbindung zu jemandem zu verlieren?

- Fragen Sie sich wieder: »Was war meine Absicht? Wollte ich die andere Person verletzen oder wollte ich nur, dass sie meinen Ärger und meine Angst wahrnahm?«

Niemand will andere wirklich verletzen (mit wenigen Ausnahmen). Deshalb fühlen wir uns anschließend auch so miserabel und reumütig. Eigentlich ist es die Liebe zu einem anderen, die den Angriff auslöst. Vielleicht lieben wir jemanden, fürchten aber, dass er sich dieser Liebe entziehen wird.

Wie oft haben Sie schon die Worte gemurmelt: »Ich wollte dir nicht wehtun!« Und ich wette, das war wirklich nicht Ihre Absicht. Dies ist daher eine nützliche Übung in Selbstmitgefühl und Selbstvergebung, denn sie hilft, sich in Erinnerung zu rufen, dass es gewöhnlich Angst ist, die verletzende Worte oder Verhalten antreibt, und hinter dieser Furcht liegt Liebe.

Das ändert nicht, was passiert ist, aber es ermöglicht, dass man ein wenig sensibler mit dem eigenen Reueschmerz umgehen kann.

Anderen vergeben

Anderen zu vergeben ist die natürliche Nebenwirkung von Selbstliebe. Dies ist auch der Grund, warum manche Leute nicht an der Selbstliebe arbeiten wollen: »Ich will kein Mitgefühl für Menschen empfinden, die es nicht verdient haben. So leicht lasse ich sie nicht davonkommen.«

Vergebung bedeutet aber nicht, dass das Verhalten des anderen akzeptabel war. Es ist die schlichte Entscheidung, die Vergangenheit ruhen zu lassen, damit man unbelastet in die Zukunft blicken kann.

Sich an den Ärger über einen anderen zu klammern ist überdies ungesund, wohingegen die Vorteile von Vergebung erwiesen sind.

FITNESSTRAINING FÜR SELBSTLIEBE: *Der Prozess der Vergebung*

Hier nun der Prozess, wie man anderen verzeiht. Sie werden feststellen, dass er sehr ähnlich abläuft wie der Prozess, sich selbst zu vergeben.

- ❖ Machen Sie sich bewusst, wie gut Vergebung für Ihre Gesundheit ist.
- ❖ Fragen Sie sich, ob es irgendwie nützlich ist, sich an die Vergangenheit zu klammern. Falls es nichts nützt, warum dann damit weitermachen?
- ❖ Denken Sie darüber nach, welche negativen Konsequenzen es hat, sich an vergangenen Ärger oder Verletzungen zu klammern.
- ❖ Schreiben Sie auf, wie Vergebung Ihre Zukunft positiv beeinflussen wird.
- ❖ Schreiben Sie einen positiven Satz oder eine Affirmation auf, die Ihnen hilft, wenn dieses Thema wieder auftaucht. So ein Satz könnte etwa lauten: *»Ich entscheide mich, diesen Gedanken loszulassen und mich dadurch zu befreien.«*

- Viele Menschen erzählen anderen von ihrer Vergangenheit, besonders wenn man sich kennenlernt. Wenn das auf Sie zutrifft und Ihre Vergangenheit voller Kummer ist, dann schreiben Sie eine andere Version Ihrer Geschichte auf, die Ihre Absicht spiegelt, positiv in die Zukunft zu blicken. Beim nächsten Mal, wenn Sie jemanden kennenlernen, haben Sie diese andere Version parat.

- Bauen Sie Mitgefühl auf. Denken Sie über die Tatsache nach, dass auch Sie ab und zu Menschen verletzt haben. Suchen Sie in sich nach Verständnis für denjenigen, der sie verletzt hat, egal, wie schwierig das ist.
  Es bedeutet nicht, dass dieser ungestraft davonkommt. Es geht nur darum, dass Sie selbst mehr inneren Frieden finden.

- Schreiben Sie auf, welche Vorteile das, was Ihnen passiert ist, hatte. Irgendetwas findet sich tatsächlich immer! Wenn Ihr Partner beispielsweise irgendwann fremdgegangen ist, könnte ein Vorteil sein, dass Sie nun einen neuen Partner haben, Kinder oder gute Freunde, die Sie nie gefunden hätten, wenn Sie bei dem treulosen Expartner geblieben wären.
  Der Sinn dieser Übung ist, dass Sie Ihr Urteil über die Vergangenheit ändern.

Wie bei der Übung, sich selbst zu vergeben, kann man diesen Prozess nicht beschleunigen. Man kann ihn täglich oder wöchentlich durchgehen, bis Sie das Gefühl haben, die Sache zufriedenstellend gelöst zu haben.

Zusammengefasst heißt das ... wenn man sich selbst oder anderen vergibt, können wir zu einer Haltung gelangen, die uns erkennen lässt, welche Vorteile Vergebung für das weitere Leben haben wird. Vielleicht gehen wir noch weiter und begreifen allmählich, dass es eigentlich nichts zu verzeihen gab, dass alles so passiert, wie es passieren soll. Oder dass alles und jedes ein Ausdruck von Liebe oder von Gott ist und dass Fehler einfach nur Reifung bedeuten. Vielleicht finden wir auch Trost bei dem Gedanken, dass manche Seelen einverständlich einander verletzen oder beleidigen, damit wir alle an der Erfahrung reifen.

Egal, wie Sie es betrachten. Wichtig ist hier, dass Vergebung, ob für sich selbst oder andere, die Hindernisse für Wachstum beiseiteräumt und dabei das Tor zu Selbstliebe öffnet.

12. Kapitel

Was können Sie für sich selbst tun?

Der Grad an Selbstwertgefühl wird durch das bestimmt, was das Individuum für sich selbst tut.

NATHANIEL BRANDEN,
DIE SECHS SÄULEN DES SELBSTWERTGEFÜHLS

Das ist eine wichtige Frage. Ja, ganz ernsthaft, was können Sie für sich selbst tun?

Da Sie ja momentan dieses Buch lesen, vermute ich, dass das bisher nicht besonders viel war. Aber keine Sorge, damit stehen Sie nicht allein.

Vielleicht ist es schon so lange her, seit Sie etwas für sich selbst getan haben, dass Sie auf die Frage: »Was wollen Sie?« oder »Was brauchen Sie« spontan keine Antwort wüssten und erst nach einigem Nachdenken antworten würden: »Eigentlich nichts.« Aber ich wette, es stimmt nicht, dass Sie tatsächlich nichts wollen oder brauchen. Sie haben sich einfach nur daran gewöhnt, anderen eine Menge Zeit, Liebe und Aufmerksamkeit zu schenken, sodass es Ihnen ziemlich schwierig, ja, seltsam vorkommt, zu bestimmen, was Sie wirklich wollen. Dies ist ein verbreitetes Symptom für das Gefühl, nicht gut genug zu sein.

Aber ist es nicht so, dass Sie sich wünschen, ein bisschen mehr Zeit für sich selbst zu haben und Ihr Leben gern besser organisieren würden, um einem Traum oder einer Vision nachzugehen? Oder um Bücher zu lesen, einfach so, zum Genuss? Ein Gefühl, an das Sie sich vielleicht gar nicht mehr erinnern können …

Vielleicht möchten Sie auch mehr Platz in Ihrem Leben für eine Beziehung, wenn Sie alleinstehend sind, oder einer bestehenden Beziehung ein bisschen mehr *Wumm* geben.

Möchten Sie vielleicht, dass Ihr Leben mehr Sinn hat? Wünschen Sie sich, ein Ziel zu haben, das Sie so begeistert, dass Sie morgens geradezu aus dem Bett springen? Möchten Sie vielleicht mehr Kontrolle über Ihre Finanzen haben, statt immer am Ende des Gehalts festzustellen, dass noch zu viel Monat übrig ist? Möchten Sie körperlich vielleicht fitter sein oder sich besser ernähren?

Es ist schwierig, an solche Dinge zu denken, wenn man sich nicht gut genug fühlt, denn nichts erscheint dann möglich. Es ist normal, immer nur für andere da zu sein. Das ist wie ein ausgetretener Pfad. Glauben Sie mir, ich weiß, wie man sich da fühlt. Ich schreibe dies schließlich aus Erfahrung. Ich war genau die Person, die auf die Frage, was ich will, immer antwortete: »Eigentlich nichts«, und war sogar stolz darauf, nichts zu wollen. Ich redete mir ein, dass dies ein sehr erleuchteter Zustand sei. In Wirklichkeit war ich nur nicht daran gewöhnt, mich auf das zu konzentrieren, was ich brauchte, daher hatte ich völlig vergessen, was ich nötig hatte. Ich hatte mir eine Identität zurechtgeschneidert als jemand, der immer nur freundlich ist. Und mein Selbstwertgefühl war eng mit dieser Identität verbunden. Das Problem war, dass ich vergessen hatte, auch freundlich zu mir selbst zu sein.

Was wollen Sie? Was brauchen Sie?

Warum fangen Sie nicht gleich damit an, freundlich zu sich selbst zu sein? Der momentane Augenblick ist immer der beste Zeitpunkt.

FITNESSTRAINING FÜR SELBSTLIEBE: *Ihre Wünsche und Bedürfnisse*

Hier noch einmal die Fragen:

- ❖ Was wollen Sie?
- ❖ Was brauchen Sie?
- ❖ Wenn das zu schwierig zu beantworten ist, versuchen Sie es andersherum: Was vernachlässigen Sie? Was fehlt in Ihrem Leben?

Bitte lesen Sie erst einmal nicht weiter. Nehmen Sie einen Stift zur Hand. Holen Sie ein Blatt Papier. Und nun überlegen Sie, was Sie wollen und brauchen, und schreiben es auf. Jetzt gleich! Tippen Sie es als SMS in Ihr Handy, schreiben Sie auf das Notiz-App in Ihrem Smartphone oder Tablet. Kratzen Sie es in den Sand zu Ihren Füßen, falls nötig, aber schreiben Sie etwas, irgendetwas.

Nur ein einziger Wunsch oder ein Bedürfnis wäre schon ein Schritt in die richtige Richtung. Sie haben jetzt zehn Sekunden ... eins ... zwei ... Nein, das war nur Spaß. Es gibt keinen Abgabetermin. Es ist auch in Ordnung, wenn Sie für die Antwort einen ganzen Monat brauchen. Nur fangen Sie jetzt, in diesem Augenblick an.

Okay, das sind Sie wieder. Haben Sie Ihre Wünsche und Bedürfnisse aufgeschrieben?

Als nächsten Schritt bestimmen Sie diejenigen Wünsche und Bedürfnisse, die Ihnen wirklich am Herzen liegen, und entscheiden, wie Sie es angehen, sie umzusetzen.

FITNESSTRAINING FÜR SELBSTLIEBE: *Ihre Wünsche und Bedürfnisse ... Fortsetzung*

- Schreiben Sie für jeden der einzelnen Wünsche und Bedürfnisse auf Ihrer Liste mindestens einen aktiven Schritt auf.

- Wenn Sie beispielsweise gesünder essen wollen, schreiben Sie vielleicht »Diätplan« auf oder auch »Termin zur Ernährungsberatung«. Vielleicht haben Sie den Traum noch nicht aufgegeben, Schriftsteller zu werden, und entscheiden sich nun, einen Kurs für »kreatives Schreiben« zu buchen.

- Setzen Sie sich einen festen Termin (diesmal meine ich das ernsthaft!), wann Sie damit beginnen wollen.

- Um bei unseren Beispielen oben zu bleiben, schreiben Sie also vielleicht auf, dass Sie am Ende der Woche einen Termin bei Ihrem Hausarzt oder im Fitnessstudio zur Ernährungsberatung ausgemacht haben wollen. Oder Sie bestimmen eine Stunde tagsüber oder am Abend, in der Sie recherchieren, wo es in Ihrer Nähe Kurse für kreatives Schreiben gibt.

Schon das Aufstellen eines solchen Plans bringt die Sache ins Rollen.

Fassen Sie Ihr Leben beim Schopf

Wenn wir die Dinge aus der Hand geben, alles laufen lassen und dabei zusehen, wie unser Leben langsam immer mehr zerfällt, dann zeigt das in aller Deutlichkeit, dass wir uns nicht gut genug fühlen. Umgekehrt drücken nur wenige Dinge das »Gut-genug-Sein« besser aus, als wenn wir die Kontrolle über unser Leben übernehmen und einige der eigenen Wünsche und Bedürfnisse befriedigen. Es gehört unabdingbar zur Selbstliebe, das eigene Leben beim Schopf zu fassen.

Na, wie wäre es damit?

FITNESSTRAINING FÜR SELBSTLIEBE: *Kontrolle übernehmen*

1. Räumen Sie auf
2. Bringen Sie Ihre Finanzen unter Kontrolle
3. Bestimmen Sie einen Sinn und Zweck für Ihr Leben
4. Seien Sie bereit, Nein zu sagen
5. Klären Sie Ihre Beziehungen
6. Erledigen Sie, was Sie schon lange aufgeschoben haben
7. Kümmern Sie sich um Ihre Gesundheit

1. Räumen Sie auf

Sieht es in Ihrem Schlafzimmer, dem Büro, im Haus oder im Garten sehr unordentlich aus? Ist Ihr Leben gerade genauso chaotisch und durcheinander? Ihre Umgebung spiegelt, wie Sie sich fühlen. Eine ordentliche Umgebung spiegelt geregelte Gefühle wider.

Das Ziel ist hier, eine Umgebung zu schaffen, die Ihnen

guttut. Wenn Sie anfangen, alles aufzuräumen und zu ordnen, schaffen Sie Platz für Dinge, die Sie unterstützen. Dazu gehören vielleicht Bilder, Kunstwerke, Statuen, die Glück oder Frieden ausdrücken, eine andere Tapete ... Vielleicht renovieren Sie auch alles von Grund auf.

Als ersten Schritt schreiben Sie bitte auf, was Sie tun wollen und wann Sie damit anfangen:

Ich möchte aufräumen und beabsichtige ____________________.

Ich möchte damit am ____________________ *anfangen.*

Bitte achten Sie auf die Formulierung der Erklärung: Es heißt dort nicht, dass Sie etwas anfangen *werden,* sondern nur, dass Sie das *möchten* oder *beabsichtigen*. Ich möchte zwar, dass Sie sich verpflichten, Ihr Leben in die Hand zu nehmen, aber nicht, dass Sie sich schuldig fühlen, wenn Sie sich Ziele setzen und dann nicht die Zeit haben, sie auch zu erfüllen. Geben Sie Ihr Bestes, aber gehen Sie sanft mit sich um, wenn Sie sich nicht genau an Ihre Pläne halten können, weil das Leben Ihnen irgendwie in die Quere gekommen ist. Sie können Ihre Pläne ja jederzeit aufs Neue aufgreifen ...

2. Bringen Sie Ihre Finanzen unter Kontrolle

Falls Sie Schulden haben, stellen Sie einen Plan auf, wie Sie sie abzahlen. Statt dazusitzen und sich Sorgen zu machen, tun Sie etwas, auch wenn es nur einen kleinen Schritt bedeutet. Wenn Sie nicht wissen, was Sie tun können, sprechen Sie mit jemandem, der besser Bescheid weiß. Holen Sie sich Rat und lassen auch zu, dass man Ihnen hilft, ein paar erste Schritte zu unternehmen.

Wenn Sie gut mit Geld umgehen können, überlegen Sie, wie Sie Ihre finanzielle Situation verbessern können.

Erklären Sie dieses Ziel zum wichtigsten, denn die Kontrolle über die Finanzen schenkt Ihnen Zeit und Energie, um andere Dinge zu tun, an denen Ihnen liegt.

Um Kontrolle über meine Finanzen zu erlangen, beabsichtige

ich ____ .

Und ich möchte damit am ______________________ *anfangen.*

3. Einen Sinn und Zweck im Leben finden

Beginnen Sie damit, sich auszumalen, was es bedeuten würde, einen Sinn in Ihrem Leben zu haben. Dazu gibt es zwei gute Methoden.

1. Als Erstes nehmen Sie ein Blatt Papier. Geben Sie sich zehn Minuten Zeit und schreiben einfach alles auf, was Ihnen in den Sinn kommt, wie ein sinnvolles Leben für Sie aussehen würde.

2. Oder Sie versuchen es auf die geduldige Weise, indem Sie sich Tag für Tag folgenden Satz sagen: »Sinn und Zweck fließen in mein Leben ein.«

Egal, für was Sie sich entscheiden, entspannen Sie sich und beobachten, was passiert. Achten Sie besonders auf Unvorhergesehenes. Unerwartete Ereignisse und zufällige Begegnungen stellen oft ein Tor zu etwas Sinnvollem dar. Selbst wenn das Unvorhergesehene im ersten Moment nicht sinnvoll wirkt, seien Sie offen für die Idee, dass sich daraus noch etwas Gutes entwickeln könnte.

Beim Schreiben meines ersten Buches nahm ich, wie bereits erwähnt, zwei Stellen als Lehrer an. Grund dafür war, dass ich nach meiner »erleuchteten« Phase ziemlich pleite war. Zunächst schienen die beiden Jobs mein Ziel, Autor zu werden, zu behindern, denn sie schränkten die Zeit ein, die ich zum Schreiben brauchte. Außerdem machte ich wieder das, was ich schon an der Uni getan hatte, statt mich in meine neuen philosophischen Ideen zu versenken. Aber es stellte sich heraus, dass diese Entscheidung für mich genau richtig gewesen war, denn ich gewann dadurch wichtige Erfahrungen, die mir halfen, meine Kommunikationsfähigkeit zu verbessern. Außerdem motivierte es mich, meine Zeit zum Schreiben gezielter einzuteilen, und ich beendete daraufhin das Buch viel schneller als erwartet.

Auf der Suche nach einem Sinn oder einer Bedeutung achten Sie auch darauf, was Ihre Freunde, Angehörigen und Kollegen in Unterhaltungen von sich geben. Sie nehmen nun vielleicht Aussagen wahr, die Sie früher überhört hätten, als Sie noch nicht aktiv nach einem Sinn im Leben suchten.

Um meinem Leben mehr Sinn und Bedeutung zu geben,

beabsichtige ich ______________________________ .

Und ich möchte damit am __________________ *anfangen.*

4. Seien Sie bereit, Nein zu sagen

Sagen Sie stets »Ja«, weil Sie sich verpflichtet fühlen?
Hören Sie ab jetzt damit auf!
Das reicht fürs Erste vollkommen.

5. Klären Sie Ihre Beziehungen

Gibt es Probleme in Ihren Beziehungen, die Sie belasten? Muss mit irgendjemandem eine klärende Unterhaltung stattfinden? Haben Sie eine Beziehung vernachlässigt? Was ist nötig, um das in Ordnung zu bringen?

Fragen Sie sich, was Sie tun müssen, um die Sache zu bereinigen. Müssen Sie sich bei jemandem entschuldigen? Dazu gehört Mut, und das macht Sie verletzlich. Der Vorteil ist jedoch eine klarere Situation, und dies bedeutet einen großen Schritt in die Richtung, sich gut genug zu fühlen.

Wünschen Sie sich mehr Leidenschaft in Ihrer Beziehung? Dann werden Sie zu deren Quelle. Warten Sie nicht darauf, bis Ihr Partner oder Ihre Partnerin dies zum Thema macht. Planen Sie ein romantisches Abendessen. Geben Sie sich mehr Mühe.

Um meine Beziehungen zu klären, beabsichtige ich ________

____ .

Und ich möchte damit am ______________________ *beginnen.*

6. Erledigen Sie Dinge, die Sie ständig aufschieben

Wenn man ständig bestimmte Dinge vor sich herschiebt, die eigentlich erledigt werden müssen, bedeutet das ein psychologisches Chaos, im Gegensatz zum physischen Chaos in Ihrer unmittelbaren Umgebung. Das wird zur Last für Ihre Seele und führt zu dem Gefühl, nichts unter Kontrolle zu haben. Gehen Sie Ihre Liste durch und entscheiden Sie, ob Sie nun ein paar Tage lang E-Mails beantworten, im Garten arbeiten, Leute zurückrufen, sich mit anderen treffen oder fällige Unterhaltungen führen wollen. Das wirkt sehr befreiend. Man spürt geradezu, wie sich die Last von den Schultern hebt.

Am einfachsten geht das, indem Sie einen oder zwei Tage dazu bestimmen. Wenn Sie Vollzeit arbeiten, nehmen Sie dafür einen Tag Urlaub. Machen Sie einen Spaß daraus. Gehen Sie die Sache mit Neugier und Begeisterung an, dann wird es viel leichter.

Wenn Sie zu viel um die Ohren haben, um sich dafür Zeit zu nehmen – tun Sie es trotzdem. Das Ergebnis ist den kurzen Aufwand definitiv wert. Vermutlich stellen Sie hinterher fest, dass Sie alles andere nun effizienter erledigen, weil Sie mehr Energie haben und Ihre Gedanken freier sind, um kreativ und klug zu handeln.

Um Dinge zu erledigen, die ich lange schon aufgeschoben

habe, beabsichtige ich ______________________________ .

Ich habe vor, damit am _______________ *zu beginnen.*

7. Kümmern Sie sich um Ihre Gesundheit

Was sind Sie bereit zu tun, um auch Ihre Gesundheit am Schopf zu packen? Sind Sie bereit, mehr Sport zu treiben? Können Sie früh aufstehen, um laufen oder schwimmen zu gehen? Viele erfolgreiche Menschen machen frühmorgens ein Workout, weil das leichter in ihren Tagesablauf passt.

Wie sind Ihre Essgewohnheiten? Welche Veränderungen könnten Sie vornehmen, um sich gesünder zu ernähren?

Eines der ersten Dinge, die wir vernachlässigen, ist die eigene Gesundheit, weil wir unsere Energie vorwiegend auf andere richten. Also:

Um etwas für meine Gesundheit zu tun, beabsichtige ich

____ .

Ich habe vor, damit am _______________ *zu beginnen.*

Es ist nicht egoistisch, die eigenen Bedürfnisse zu erfüllen

Es ist bewundernswert, wenn jemand stets ein guter Freund, Elternteil oder Samariter ist. Die Welt braucht davon eine Menge! Ich glaube fest, dass eine kleine Gruppe Menschen voller Mitgefühl und Freundlichkeit im Herzen die Welt verändern kann.

Aber ich glaube ebenfalls, dass man wirksamer sein kann, wenn man mehr Energie hat. Dazu braucht man die Einstellung: »Ich bin gut genug.« Wenn man sich nicht gut genug fühlt, laugt einen das schnell aus – seelisch und körperlich. Das weiß ich genau, denn ich habe einen Gutteil meines Lebens so gelebt. Adrenalin hält einen nur eine gewisse Strecke lang aufrecht, ehe man sich erschöpft. Und Selbsttäuschung bringt einen auch nicht weiter.

Unter Selbsttäuschung verstehe ich, dass wir uns einreden, nichts zu brauchen, und uns vormachen, dass es uns so viel Energie spendet, für andere da zu sein, dass alle unsere Bedürfnisse gedeckt sind. Falls das tatsächlich auf Sie zutrifft, großartig. Wenn Sie ehrlich sagen können, dass Sie sich nicht manchmal nach einem bisschen mehr Zeit für sich sehnen oder einfach mal mit einem Glas Wein in der Sonne sitzen wollen, auch großartig. Vielleicht war Mutter Teresa so, aber ich habe bislang nicht viele Menschen kennengelernt, die wie Mutter Teresa sind. Teil des Gefühls, gut genug zu sein, ist Ehrlichkeit sich selbst gegenüber. Außerdem spricht es für das Mitgefühl, das man für sich aufbringt.

Natürlich ist es spirituell stärkend, wenn man stets für andere da ist. Es ist eine der am stärksten antreibenden Kräfte, zu denen wir fähig sind. Immerhin habe ich ein Buch darüber geschrieben! In *Why Kindness is Good for You* schreibe ich darüber, welche Vorteile Freundlichkeit für uns hat, und zwar in spiritueller, emotionaler und körperlicher Hinsicht. Für andere da zu sein erzeugt Riesenenergien. Aber wir müssen trotzdem weiterhin atmen! Wir müssen auch weiterhin essen! Und wir haben noch viele andere Bedürfnisse, darunter auch, ein bisschen Spaß, Glück und Zeit zu haben und einen gewissen Zauber im Leben.

Selbstliebe ist nicht egoistisch. Wie ich schon am Anfang sagte, bedeutet es nicht, dass man sich selbst anstatt andere Menschen liebt. Denn wenn wir uns selbst mehr lieben, haben wir gleichzeitig mehr Liebe für andere.

Selbstliebe ist wie ein inneres Stück Seife. Sie reinigt unser Herz und die Seele, und sie erzeugt sehr viel Raum für Mitgefühl und Freundlichkeit. Diese Freundlichkeit ist reiner, frischer und natürlicher, ehrlicher, direkter, kommt mehr aus dem Herzen und ist entsprechend wirksamer.

Dann werden wir eins mit der kleinen Gruppe von Menschen, die Mitgefühl und Freundlichkeit im Herzen tragen und die Welt verändern können.

• • • • • • • • • • • •

Zusammengefasst heißt das ... wenn wir das Gefühl haben, nicht gut genug zu sein, besteht die Möglichkeit, dass wir uns nicht richtig um die eigenen Bedürfnisse kümmern. Vermutlich ignorieren wir unsere Wünsche und Bedürfnisse sogar gänzlich.

Es bedeutet daher einen riesigen Schritt vorwärts, wenn wir die Kontrolle über unser Leben übernehmen und dafür sorgen, dass diese Bedürfnisse und Wünsche erfüllt werden. Sobald wir die Verantwortung für unsere Umwelt, unsere Finanzen, unsere Beziehungen und unsere Gesundheit übernommen und gelernt haben, von Zeit zu Zeit »Nein« zu sagen, beginnen wir, uns besser, stärker und ausgeglichener zu fühlen, und bald sagen wir auch: »Ich bin gut genug.«

4. Teil

Wohin geht der Weg?

»Je nachdem, wie viel Mut man hat, schrumpft das Leben oder es wird reicher.«
Anaïs Nin

13. Kapitel

Aufstehen und losgehen

»Falls du das Gefühl hast, es fehlt etwas in deinem Leben, dann bist du es vermutlich selbst.«
ROBERT HOLDEN

Sie haben bereits ziemliche Fortschritte gemacht, und da Sie Ihre Selbstliebe inzwischen genügend entwickelt haben, ist der Zeitpunkt gekommen, sich die nächsten Schritte genauer anzusehen, um schlussendlich das zu erreichen, was Sie vom Leben wollen.

Ein wichtiger Teil der Selbstliebe heißt, aktiv zu sein. Das bedeutet, stets durch Ihr Verhalten auszudrücken, dass Sie gut genug sind. Gewöhnlich erfordert das, die eigene Komfortzone zu verlassen. Um ganz ehrlich zu sein: Man erreicht vermutlich den größten Zuwachs an Selbstwertgefühl, wenn man sich eigenständig aus dieser Zone hinauskatapultiert.

Empfinden Sie die Angst

Susan Jeffers schreibt in Ihrem Buch *Feel the Fear and do it Anyway,* dass man, damit man sich besser fühlen kann, erst etwas tun muss. Wenn Sie Angst haben, eine bestimmte Unterhaltung zu führen oder einen Anruf zu tätigen, weil Sie sich nicht gut genug fühlen, dann wird der Schritt, die Initiative zu ergreifen, Ihrem Selbstwertgefühl Auftrieb geben. Doch dazu müssen Sie sich dazu überwinden, denn am Anfang steht immer die Tat.

Vermutlich haben Sie dann immer noch Angst. Das ist ziemlich wahrscheinlich. Jeder hat Angst, auch die Menschen, die sich gerne in den Mittelpunkt stellen. Häufig tun sie das, um ihr Selbstwertgefühl aufzubauen, denn sie haben ebensolche Angst wie Sie.

Andere warten lieber ab, bis sie genügend Bücher gelesen oder Workshops besucht haben, bis sie ausreichend viele Interviews und Dokumentarberichte angesehen haben, bis sie genügend gereift sind oder die magische oder erleuchtete Erkenntnis hatten, die einem jede Angst nimmt.

Doch man bewältigt Angst nicht, indem man Bücher liest oder Seminare besucht, noch geht sie weg, wenn man zu Hause sitzt und darauf wartet, dass sich die Welt bei einem meldet. Man bewältigt etwas nur, wenn man die Initiative ergreift und sich genauso zeigt, wie man ist. Es geschieht nur etwas, wenn wir aufstehen und den ersten Schritt tun und sagen: »Hier bin ich, Welt!«

Auf diese Weise strahlen wir aus, dass wir bereit sind. Und wenn wir das einmal geschafft haben, na, dann tun wir es wieder und wieder und wieder! So verankern wir schließlich das Gefühl, gut genug zu sein.

FITNESSTRAINING FÜR SELBSTLIEBE: *Erinnern Sie sich an Ihren Mut*

Hier eine kleine Übung, die hilft, den Mut für den ersten Schritt aufzubringen:

- Rufen Sie sich eine frühere Situation in Erinnerung, in der Sie Angst hatten, etwas zu tun, und es dann trotzdem getan haben. Wie haben Sie das geschafft? Wie war das Ergebnis? Wie haben Sie sich anschließend gefühlt? Fühlten Sie sich besser? Schreiben Sie diese Episode so detailliert wie möglich auf.

BEISPIEL: Ich hatte Angst, vor Publikum zu sprechen, aber ich zwang mich dazu, und heute macht mir so was richtig Spaß. In Ihrem Fall ging es vielleicht um die Angst, jemanden um ein Date zu bitten, oder darum, mehr Gehalt zu fordern. Vielleicht hatten Sie auch Angst vor der ersten größeren Anschaffung. Selbst wenn nicht alles so klappte, wie Sie sich das gewünscht hatten, kann man es als Beispiel dafür nehmen, dass man den Mut aufbrachte, die Angst zu überwinden.

Falsche Annahmen

Ich kenne einen sehr begabten Programmierer, ein netter Mensch, voller Ideen und Träume, und er hätte leicht seine eigene Computerfirma aufbauen können, die für viele Menschen wichtig gewesen sein könnte. Doch in seinem Innersten war er davon überzeugt, nicht gut genug zu sein. Als großer Bewunderer von Mark Zuckerberg und Steve Jobs nahm er einfach selbstverständlich an, dass diese beiden eben das nötige Know-how hätten und er nicht. Er ignorierte die Tatsache, dass diese beiden mit nichts angefangen und damals keine Ahnung gehabt hatten, wie sie ihre Träume verwirklichen konnten.

Der Gedanke, dass andere Menschen etwas können, das man selbst nicht kann, ist ein großes Problem. Es bedeutet, dass man sich nicht gut genug fühlt. Und es verhindert, dass man auf seine eigenen Hoffnungen und Träume setzt.

Mein Traum war es immer, Lehrer zu werden und Dinge zu lehren, die mich selbst interessierten. 1999 besuchte ich ein Seminar von Tony Robbins mit dem Thema »Unleash the Power Within« (»Entfalte deine inneren Kräfte«). Eine von Tonys Hauptthesen war, wie wichtig es ist, nicht nur die Initiative zu ergreifen, sondern auch *große* Schritte zu unternehmen. Ich unternahm also einen Riesenschritt: Am nächsten Tag kündigte ich meine Stelle.

Okay, richtig durchdacht hatte ich das nicht, aber ich bin froh, dass das nicht der Fall war, sonst hätte ich mich vermutlich nie im Leben getraut, diesen Schritt zu wagen. Meine dreimonatige Kündigungsfrist war eine schöne Zeit. Welche Freiheit! Mein Leben war nun völlig stresslos. Ich fühlte mich bärenstark und malte mir aus, was ich mit dem Rest meines Lebens anfangen würde: Bücher schreiben, Reden halten und Workshops veranstalten, die helfen würden, zu mehr Selbstbewusstsein und zu innerer Heilung zu gelangen – genau das, was ich heute tue.

Doch ich erinnere mich auch, dass ich nach ein paar Wochen, ungefähr in der Mitte meiner Kündigungsperiode, eines Morgens ruckartig wach wurde und in Panik geriet: Was hatte ich bloß getan? Ich hatte eine sehr gute Stelle aufgegeben, um Schriftsteller und Vortragsredner zu werden. *Wie bitte???*

Erstens konnte ich eigentlich gar nicht richtig gut schreiben. In der Schule hatte ich nur mit Mühe eine einigermaßen anständige Abschlussnote in Englisch bekommen. Außerdem hatte ich eine Heidenangst, öffentlich Reden zu halten. Was hatte ich mir bloß dabei gedacht?

Manchmal ist es jedoch besser, nicht allzu viel über einen größeren Schritt nachzudenken. Je länger wir überlegen, umso wahrscheinlicher stoßen wir auf Gründe, warum unsere Pläne nicht funktionieren könnten, oder wir konzentrieren uns ausschließlich auf mögliche Stolpersteine. Probleme tauchen natürlich immer auf, wenn wir uns *nicht gut genug* fühlen. Menschen, die sich gut genug fühlen, denken nur selten etwas in allen Einzelheiten durch. Sie haben einen Traum, und sie wissen, dass sie ihn irgendwie verwirklichen können.

Andere wiederum sind sich nicht so sicher. Ein paar Monate nach meiner Kündigung saß ich öfter in einem kleinen Café in Glasgows Westend, las Bücher und trank Kaffee. Damals las ich gerade Neil Donald Walschs »Gespräche mit Gott«. Außerdem hörte ich im Auto Vorträge von Wayne Dyer. Doch obwohl ich meine Stelle gekündigt hatte, um so wie diese beiden zu werden, erschien mir das nun viel zu hoch gegriffen. Ich hatte davon geträumt, so etwas zu tun, verdammt noch mal. Ich hatte deshalb meine Superstelle aufgegeben. Aber nun unternahm ich nur wenig, um mich weiter in diese Richtung zu begeben, denn ganz tief drinnen war ich überzeugt, nicht gut genug zu sein. Das war keine bewusste Überzeugung, eher eine unterschwellige Annahme, die all meine Gedanken beherrschte und jeden wichtigen Schritt verhinderte.

Ohne es zu wollen, verglich ich mich mit Neale und Wayne. Mir gefiel, was sie machten. Ihre Worte bewegten und inspirierten mich, wie ich es noch nie vorher empfunden hatte. Und das war eigentlich ein Teil des Problems.

Ich nahm an, dass alle Menschen, die mit Neale oder Wayne in Kontakt traten, so beeindruckt von deren Weisheit waren, dass sie ihr Leben innerhalb von fünf Minuten änderten. Ich selbst hingegen schien anderen mit ihren Problemen nicht besonders gut helfen zu können. Ich hatte Freunde, die zum damaligen Zeitpunkt ebenso viele Probleme hatten wie vor fünf Jahren. Falls ich überhaupt irgendeinen Einfluss hatte, dann hätten sie sich doch inzwischen verändert. Sicherlich wäre ich selbst inzwischen irgendwie »geheilt« …

Außerdem fehlte es mir an Selbstbewusstsein, obwohl ich mir gut zuredete und mich lobte, weil ich ja meinen Job gekündigt hatte. Das alles war mir klar, aber Neale und Wayne waren sicherlich viel selbstbewusster …

Neale und Wayne waren außerdem perfekt, intelligent und fehlerlos – und ich war all das nicht.

Bewusst waren mir diese Gedanken nicht, es war einfach eine Annahme über meinen eigenen Selbstwert, der mich überzeugte, es bestünde ein Riesenunterschied zwischen mir und meinen Helden, und tief drinnen war ich fest von meinen Fehlern und Mängeln überzeugt.

Das Selbstwertgefühl wurzelt ganz tief in uns, es ist etwas ganz Empfindsames, lässt sich in unseren geheimsten Gedanken und Gefühlen erahnen und wird uns im Vergleich zwischen uns und anderen bewusst.

Ich berichte hier von meiner eigenen Erfahrung damit, weil ich gelernt habe, dass dieses Vergleichen viel verbreiteter ist, als man denkt. Jeder vergleicht sich irgendwie mit anderen und empfindet sich dabei als minderwertiger. Vielleicht liegt es daran, dass andere cleverer sind, selbstbewusster, dass sie viel Geld und Unterstützung haben, dass sie hübsch oder schlank sind, ja, perfekt … Jeder empfindet zwischen sich und anderen einen Unterschied, eine Kluft. Und diese Kluft verhindert Aktivität.

In Wirklichkeit besteht gar kein solcher Unterschied. Der einzige Ort, an dem er existiert, ist in *unserem eigenen Kopf.*

Außerdem werden Sie sich sicher erinnern, dass wir niemals wirklich wissen können, was im Kopf eines anderen Menschen vor sich geht. Höchstwahrscheinlich haben die Menschen, mit denen wir uns vergleichen, auch Ängste und empfinden die gleiche Unsicherheit, ob sie wohl gut genug sind – ganz egal, welchen Status sie in der Welt einnehmen. Schließlich sind wir alle bloß Menschen.

Ich habe einmal mit einem sehr schönen Mädchen zusammengearbeitet. Jeder hielt sie für besonders attraktiv. Alle anderen Mädchen fühlten sich ihr unterlegen. Sie verglichen sich mit ihr und fanden sich nicht gut genug. Sie schätzten sie als sehr selbstbewusst ein und wünschten sich, dass die Männer mit ihnen genauso flirteten wie mit ihr. Was sie aber nicht wussten, war, dass sich dieses Mädchen innerlich ebenso unsicher fühlte wie die anderen. Der Grund, warum sie sehr viel Wert auf ihr Äußeres, ihre Frisur und ihr Make-up legte, war genau diese Unsicherheit. Wo alle anderen Schönheit sahen, sah sie selbst bloß Mängel und Fehler – die sie zu vertuschen suchte. Sie hatte das Gefühl, *nicht gut genug* zu sein.

Zwischen dem, was dieses Mädchen fühlte und wie die anderen sich fühlten, bestand kein Unterschied, keine Kluft. Glauben Sie, dass zwischen Ihnen und anderen ein Unterschied besteht? Gibt es eine Kluft, die verhindert, dass Sie Ihren Selbstwert bestätigen und die Welt mit den Worten begrüßen: »Wisst ihr was? Ich bin gut genug!«

Wenn wir diese Kluft innerlich beseitigen, gewinnen wir neue Erkenntnisse, ändert sich die Wahrnehmung, dann ergreifen wir die Initiative, und alles sieht anders aus.

FITNESSTRAINING FÜR SELBSTLIEBE: *Die Kluft überwinden*

Wir denken häufig in Bildern. Wenn man eine Kluft zwischen sich und einem Vorbild empfindet, hilft es, sich diese bewusst bildlich vorzustellen, zum Beispiel wie eine tiefe Schlucht, und sich daraufhin auszumalen, wie Sie eine Brücke über diesen Abgrund bauen. Bauen Sie eine besonders schöne Brücke!

Vielleicht kommen Ihnen auf dieser Brücke Menschen oder sogar Engel entgegen, die Ihnen beim Überqueren helfen. Stellen Sie sich das Ganze an einem sonnigen Tag vor. Visualisieren Sie alles so genau wie möglich. Lassen Sie dazu schöne Musik ertönen und schaffen eine angenehme Umgebung.

Durch diese symbolische Überquerung der Kluft und die Vorstellung, dass Sie dabei Hilfe finden, werden Sie sich viel besser fühlen und zuversichtlicher sein, dorthin zu gelangen, wo Sie hinwollen.

Es gibt viele Dinge, mit denen wir unser Leben verbessern könnten, aber wir unterlassen sie, weil uns nie in den Sinn käme, dass wir dazu in der Lage sein könnten. Wenn wir im Kern unseres Seins annehmen, nicht gut genug zu sein, nehmen wir an, dass andere Menschen Fähigkeiten, Selbstvertrauen und Zuversicht haben – wir jedoch nicht. Wir schieben vielleicht den Erfolg anderer auf deren finanzielles Polster oder hohen Status. Beides haben wir ebenfalls nicht. Aber denken Sie daran, dass oft große Dinge von Menschen geschaffen worden sind, die mit nichts angefangen haben.

Wenn Sie sich aufgrund einer vermeintlichen Kluft zwischen Ihnen und anderen zurückhalten, dann gibt es noch einen anderen Weg, diesen Abgrund zu überbrücken. Man denkt an Dinge, die andere schaffen, und überlegt, wie man sie selbst besser machen könnte. Das nimmt einem die Angst, die Initiative zu ergreifen, und hilft zu erkennen, dass man die eigenen Träume sehr wohl verwirklichen kann.

FITNESSTRAINING FÜR SELBSTLIEBE:
Es besser machen

- ❖ Was unternehmen andere, das Sie selbst auch tun könnten?
- ❖ Wie könnten Sie es besser machen als andere? Welche Verbesserungsmöglichkeiten können Sie ausmachen?
- ❖ Wählen Sie drei Dinge und unternehmen bei allen dreien in den nächsten 48 Stunden zumindest einen ersten Schritt. Beispiel: Wenn andere Online-Kurse anbieten und Sie würden das auch gerne machen, dann könnten Sie sich bei einem solchen Kurs einschreiben, um herauszufinden, wie andere es machen. Oder Sie besprechen mit jemandem, wie man so etwas auf die Beine stellt.

Kommunizieren Sie und seien Sie freundlich

Wir haben bereits erfahren, dass man leichter Verbindungen und Kontakte herstellt, wenn man sich authentisch verhält. Es ist daher bei unserem ersten Schritt hinaus in die Welt wichtig, dass wir so häufig wie möglich mit anderen auf echte, authentische Weise kommunizieren. Das stärkt unser Selbstvertrauen und das Selbstwertgefühl.

Ohne Selbstwertgefühl verlieren wir oft das Selbstbewusstsein und fangen sogar an, andere Menschen zu meiden. Wir bringen Ausflüchte vor, damit wir mit niemandem umzugehen brauchen. Vielleicht machen wir die anderen schlecht und versuchen damit, uns selbst besser dastehen zu lassen. Natürlich konzentrieren wir uns nur auf die Defizite anderer, damit wir das eigene Selbstwert-Defizit auffüllen.

Wenn wir uns gut genug fühlen, dann verläuft der Kontakt mit anderen sehr leicht und locker. Im Zustand von *gut genug sein* fließt die Kommunikation ohne Stolpersteine.

Umgekehrt heißt das, wenn wir uns in die Welt hinaustrauen und mit anderen Kontakt aufnehmen, dann fühlen wir uns sehr bald besser und sogar gut genug. Achten Sie also darauf, häufig mit anderen zu kommunizieren – ob mit Verkäufern, Kellnerinnen, Polizisten und sogar den Politessen. Wenn Sie das nicht gewöhnt sind, ist jetzt der Zeitpunkt gekommen, damit anzufangen. Bald schon werden Sie Übung haben. Schubsen Sie sich aus der eigenen Komfortzone hinaus, denn Sie können dadurch nur gewinnen! Auch wenn Sie sich dabei anfangs seltsam und manchmal verlegen fühlen, machen Sie einfach weiter.

Entwickeln Sie ein Interesse für andere Menschen. Und nutzen Sie jede Gelegenheit, freundlich zu sein. Freundlichkeit öffnet Herzen. Freundlichkeit führt dazu, dass andere ihre Verletzlichkeit zeigen. Sie löst Schamgefühle auf. Sie zeigt Sie im wahren Licht. Sie zeigt, dass Sie gut genug sind.

Und wissen Sie, warum? Weil Sie das nämlich tatsächlich sind!

Verlassen Sie Ihre Komfortzone

Wenn Sie sich so hinaus in die Welt wagen, werden Sie feststellen, dass die Angst verschwindet und Sie glücklicher und friedlicher leben können. Allerdings … funktioniert es nicht ganz so. Die Angst verschwindet nämlich nicht, insbesondere nicht, wenn wir uns weiterhin herausfordern und anstrengen.

Ein Problem von Menschen, die etwas Neues wagen wollen, ist die Erwartung, dass die Angst verschwindet. Die Attraktion von Büchern über Selbstoptimierung – und das weiß ich aus eigener Erfahrung – ist die Aussicht, dass wir durch diese Entwicklung die Angst völlig verlieren. Doch vielleicht müssen wir einfach nur unsere Beziehung zur Angst verändern? Was wäre, wenn wir sie einfach akzeptierten? Es würde bedeuten, dass wir entspannter mit ihr umgehen, wir besser an sie gewöhnt wären und die Angst ihre Macht über uns verlieren würde.

Wir müssen diesen Schritt tun, denn meiner Erfahrung nach verschwindet Angst niemals völlig, solange wir bewusst die Initiative ergreifen und neue Schritte unternehmen. Wenn wir mit der Angst leben können und sie auch akzeptieren, wird sie wie durch Zauber zum Freund. Sie wird zu etwas, mit dem man rechnet oder das man sogar willkommen heißt, denn sie sagt uns, dass das, was wir gerade anstreben, für uns wichtig ist.

Nehmen Sie daher Ihre Angst an. Ergreifen Sie die Initiative, treten Sie hinaus in die Welt und lassen Sie die Komfortzone hinter sich. Dies ist ein wichtiger Bestandteil von Selbstliebe. *Denn nicht die Selbstliebe bringt Sie dorthin, nein, der erste Schritt nach vorn bringt einem Selbstliebe.* Selbstliebe liegt oftmals ganz nahe am Rand Ihrer Komfortzone.

Das »Ich bin« einbringen

Wenn Sie die Initiative ergreifen und einen ersten Schritt hinaus in die Welt tun, rufen Sie sich stets in Erinnerung, dass Sie den Mut und die Zuversicht dazu hatten. Konzentrieren Sie sich nicht auf die Probleme, die sich Ihnen gestellt haben. Konzentrieren Sie sich darauf, wie Sie diese überwunden haben. Lenken Sie den Fokus darauf, was dies über Sie selbst aussagt. Ich nenne das, das »Ich einbringen«.

Selbstbewusstsein beruht auf dem Satz: »Ich habe etwas getan«, aber Selbstliebe beruht auf dem »Ich bin«. Wenn Sie daher an Ihrer Selbstliebe arbeiten, denken Sie an das »Ich bin«. Zum Beispiel:

- »Ich habe mich einer Angst gestellt« bedeutet: »Ich bin richtig mutig.«
- »Ich habe mich gegen diese Person gewandt« bedeutet: »Ich bin für mich selbst eingestanden.«
- »Ich habe eine öffentliche Rede gehalten« bedeutet: »Ich bin schon viel selbstbewusster.«

Wenn man die eigenen mutigen und selbstbewussten Initiativen direkt mit dem Ich verbindet, kann man sich leichter in Erinnerung rufen, dass man mutig und selbstbewusst *ist*. Es hilft, sich auch anderen Schwierigkeiten und Herausforderungen sinnvoll zu stellen, sie als Chance für Wachstum zu betrachten und Selbstliebe zu entwickeln.

• • • • • • • • • • • •

Zusammengefasst heißt das ... Initiativ zu werden ist ein wichtiger Teil der Selbstliebe. Wir sind ja immer aktiv, ob uns das bewusst ist oder nicht. Es ist aber wichtig, so zu handeln, dass man deutlich macht: »Ich bin gut genug.« Oft bedeutet dies, dass man seine Komfortzone verlässt, aber direkt hinter der Grenze dazu warten Glück, Erfüllung und Verbundenheit.

Um dorthin zu gelangen, müssen wir uns unseren Ängsten stellen, aber davor braucht man sich nicht zu fürchten. Wir können lernen, unsere Beziehung zur Angst zu verändern, indem wir nicht länger versuchen, die Angst loszuwerden, sondern ihre Anwesenheit akzeptieren. Dann verwandelt sich Angst in einen Freund.

14. Kapitel

Das vierte Stadium der Selbstliebe

»Ich habe mein kleines Selbst gegen ein heiliges Selbst eingetauscht und damit den richtigen Weg gefunden.«
John Randolph Price

Ich befand mich in einem Raum mit zwei anderen Männern. Wir schienen Soldaten zu sein und wussten, dass eine Explosion bevorstand, bei der wir sterben würden. Ich schien jedoch zu glauben, dass ich anschließend weiterleben würde.

Sekunden später erfolgte die Explosion. Ich spürte Wärme. Keine Schmerzen, nur Wärme auf der Haut. Dann befand ich mich an einem sehr hellen Ort, erfüllt von einem sanften, warmen, weißen Licht. Ich bin nicht sicher, wie lange ich dort war, ehe mir auffiel, dass ich keine Form hatte. Mir war bewusst, dass ich mich »auf der anderen Seite« befand, und freute mich darüber, dass ich, obwohl ich keinen Körper mehr hatte, noch am Leben war.

Dann hörte ich plötzlich eine Frauenstimme, die immer und immer wieder flüsterte: »Deine Gedanken erschaffen! Deine Gedanken erschaffen!« Dann wurde daraus: »Deine Gedanken erschaffen deine Welt! Deine Gedanken erschaffen deine Welt!«

Ich kann mich an diese Flüsterstimme ganz genau erinnern und höre sie auch wieder deutlich in diesem Augenblick, in dem ich dies aufschreibe.

Dann wachte ich auf.

Später an diesem Tag erfuhr ich, dass die Tante meines Vaters an diesem Morgen gestorben war. War mein Traum vielleicht eine Art Kommunikation mit Tante Lizzie gewesen? Ich glaube schon. Es war einer von diesen Träumen, die sich so echt anfühlen, dass es nach dem Aufwachen ein paar Sekunden dauert, bis man akzeptiert, dass es nur ein Traum war.

Ich unterhielt mich mit meinem Freund Kyle Gray darüber, einem sehr zuverlässigen Medium und Bestsellerautor von Engelbüchern.

Kyle fragte seine Engel nach meinem Traumerlebnis. Dann berichtete er, dass meine Seele aufgrund meiner sensiblen Wahrnehmungsfähigkeit wohl von Lizzies Sterben gewusst habe, und das erinnerte mich daran, dass, egal, wohin wir gehen, wir stets zu allgegenwärtiger Liebe und Frieden zurückkehren. Kyle sagte, mein Geist habe praktisch eine Szene geschaffen, wie man in den Himmel gelangt, damit ich erkannte, dass er aus lauter Liebe bestand.

»Wow!« war meine Reaktion darauf. Ich vertraue Kyle und habe mehr als einmal seine erstaunlichen außerkörperlichen Kommunikationsfähigkeiten erlebt. Ich glaube daran, was er sagt. Es fühlt sich für mich richtig an.

Es gibt vielleicht Stimmen, die meinen, dass ein Wissenschaftler nicht über das Leben auf der »anderen Seite« schreiben sollte. Doch dem muss ich widersprechen. Ich glaube nicht, dass das Bewusstsein ausschließlich im Kopf sitzt oder durch Gehirnchemie erzeugt wird. Diese Vorstellung widerspricht der umfangreichen Forschung über die Korrelation zwischen den Nervenverbindungen von Menschen, die räumlich voneinander getrennt sind. Ich glaube, das Bewusstsein ist fundamental für unsere Realität und dass in gewissem Sinne alles dadurch belebt wird.

Ich glaube, dass genau so, wie unterschiedliche Formen, Gestalten, Strukturen und Farben im Leben existieren, unterschiedliche Formen, Gestalten, Strukturen und Farben im Bewusstsein existieren, von denen wir einige als Engel, Leitfiguren oder Verstorbene deuten. Das Gehirn wirkt in gewisser Weise wie eine Antenne, die sich auf eine Frequenz einstellt und aus der Realität herausfiltert, was wir als Selbst und andere erkennen.

Ist es möglich, dass das Bewusstsein von Tante Lizzie mich tatsächlich besucht hat? Ich glaube das. Ich glaube, als ihr Gehirn aufhörte zu funktionieren, war ihr Bewusstsein nicht mehr eins mit dem Körper. Daher konnte sie überall sein und so mit mir kommunizieren.

Das führt mich zu der Annahme, dass es ein viertes Stadium der Selbstliebe gibt.

Ein viertes Stadium der Selbstliebe?

Gibt es vielleicht eine Art viertes Stadium bei der Entwicklung von Selbstliebe außer *nicht gut genug, genug haben* und *gut genug?* Okay, das mag nicht gerade die wissenschaftlichste Frage sein, die ich je gestellt habe, aber das liegt daran, dass man diesen vierten Zustand als spirituell oder religiös bezeichnen könnte, und manche Menschen glauben nicht an dessen Existenz.

Viele Leser werden an Gott glauben, an etwas Höheres, an ein universales Bewusstsein, egal, wie man es nennt, und viele eben nicht. Doch ohne Rücksicht auf spirituelle oder religiöse Neigungen braucht jeder von uns Liebe, um zu wachsen und zu reifen. Das ist ebenso eine biologische Tatsache wie eine psychologische. Und jeder Mensch auf diesem Planeten verdient es zu wissen, dass er wertvoll ist, dass sein Leben zählt. Das ist ebenfalls eine Tatsache!

Mit Blick auf Authentizität möchte ich Ihnen daher einige meiner persönlichen Ansichten über die Natur der Existenz darlegen und warum wir grundsätzlich alle sehr wichtig sind.

Drinnen ist nichts

Vielleicht finden Sie es überraschend, dass die Atome in Ihrem Körper zu 99.9999999999999 Prozent aus leerem Raum bestehen. Das sind 13 Neuner nach dem Komma, falls Sie nicht mitgezählt haben. Es ist, als würde man in einem leeren Raum stehen, der so groß ist wie eine durchschnittliche Stadt. Komisch aber, dass man sich so solide anfühlt, nicht wahr?

Ihre Atome bestehen aus subatomaren Partikeln: Protonen, Neutronen, Elektronen, Croutonen, Moronen und Quarks (gut, gut, ein paar habe ich erfunden. Raten Sie mal, welche!). Die Partikel an sich bestehen eigentlich aus gar nichts. Falls wir eins anstupsen würden, fühlte es sich an wie die Luft über einem Magneten, wenn man zwei gegensätzliche Pole aneinanderhält. Es ist eher Energie als Substanz.

Partikel entstehen aus etwas, das wir Quantenfeld nennen. Es ist ein Energiefeld. Das ist alles. Ein Quantenfeld hat nichts Solides. Wenn man sich selbst grundsätzlich bloß wissenschaftlich betrachtet, ist man eigentlich nur ein Haufen Atome, etwa 10^{28}. Wie kommt es also, dass wir überhaupt denken können?

Normalerweise nimmt man an, dass alles durch die Gehirnchemie gesteuert wird. Das macht ja auch Sinn. Doch wenn unser Bewusstsein oder, sagen wir, unser Sein, unsere Essenz mehr ist als nur die Summe seiner Bestandteile? Wenn das Bewusstsein nicht einmal im eigenen Kopf seinen Platz hat? Würden wir vielleicht auch ohne einen Körper existieren?

Menschen, die eine Nahtoderfahrung gemacht haben, würden das bestätigen. Anita Moorjani erlebte sich außerhalb ihres Körpers und bekam so ihre Wiederbelebungsversuche mit. Ihr Bewusstsein war vom Körper gelöst, ähnlich wie meins in meinem Traum. Ihr Körper war überhaupt nicht nötig für ihr Bewusstsein.

Während dieser Erfahrung hatte sie das Gefühl, dass sich ihr Bewusstsein dehnte wie ein Gummiband, bis das gesamte Universum zu ihrem Bewusstseinszustand wurde. Sie begriff die Bedeutung der Worte *»Ich bin«*, was in vielen spirituellen und religiösen Texten gleichbedeutend mit dem Namen Gottes ist.

Anita wusste, dass es nicht »Ich bin dieses« oder »Ich bin jenes« bedeutete, etwa wie: »Ich bin ein Mensch«. Alles, was auf das *»Ich bin«* folgte, war kleiner als die Unendlichkeit, die sie in diesem Augenblick war.

Sehr, sehr viele Menschen haben Nahtoderlebnisse. Die meisten reden nicht darüber, besonders nicht mit ihren Ärzten, damit diese nicht annehmen, man habe ein neurologisches Trauma erlebt und brauche weiterhin Behandlung. Würden Sie das riskieren?

Wenn ein Arzt jedoch verständnisvoll reagiert und der Patient das Gefühl hat, offen reden zu können, wird klar, dass solche Erlebnisse sehr verbreitet sind. Eine Forschungsstudie des holländischen Kardiologen Pim van Lommel mit 344 Herzpatienten, die technisch gesehen gestorben, aber wiederbelebt worden waren, ergab, dass 62 von ihnen – 18 Prozent – ein todesähnliches Erlebnis gehabt hatten.[1] Andere Studien ergaben ähnliche Werte.[2]

Ich will hier keine weiteren Argumente anführen, die diese Erfahrungen stützen könnten, weil sich damit ein ganzes Buch füllen ließe, und es geht in diesem um etwas anderes. Doch könnten Sie vielleicht in Erwägung ziehen, dass diese Erfahrungen uns etwas über die Natur der Realität sagen?

Falls es stimmt, dass unser Bewusstsein unendlich ist und nicht nur außerhalb unseres Gehirns existiert, sondern im gesamten Universum, wie kommt es, dass wir uns als Menschen empfinden, und was hat das mit Selbstliebe zu tun?

Die Einstimmung

Man kann sich das Gehirn vorstellen wie ein Smartphone, das mit dem Internet und Fernseher verbunden ist. Der Film, den wir auf dem Bildschirm ansehen, ist ja eigentlich nicht in dem Gerät vorhanden, auch wenn das so aussieht. Betrachten wir den Fernseher genauer, stellen wir fest, dass sich keine Miniaturschauspieler darin verbergen.

Der Film summt vielmehr mit etwa 300 000 km/h durch die Atmosphäre. Das ist in etwa die Geschwindigkeit, mit der elektromagnetische Informationen übertragen werden. Der Fernseher stimmt sich auf die Frequenz des Films ein, damit wir ihn ansehen können.

Wenn ich mit den Drähten oder Schaltkreisen meines Fernsehers herumspielte, würde das die Qualität des Empfangssignals beeinträchtigen. Vergleichsweise kann ein Gehirnschaden die Signalqualität des Bewusstseins beeinträchtigen. Wissenschaftler vertreten seit Langem die Überzeugung, dass, wenn Hirnschäden das Bewusstsein beeinträchtigen, dies gleichzeitig bedeutet, dass das Bewusstsein vom Gehirn produziert wird. Doch im Vergleich würde dies bedeuten, dass die Filme im Fernsehen durch die Drähte und Schaltkreise darin erzeugt und nicht bloß mit der Antenne empfangen werden.

Ich will die Wissenschaft hier nicht heruntermachen – immerhin bin ich selbst als Wissenschaftler ausgebildet. Doch die Naturwissenschaften sind in einer stetigen Entwicklung begriffen. Ständig entdecken wir Neues und verändern und erweitern unsere bisherigen Annahmen und Theorien.

Die Vorstellung, dass das Bewusstsein sich außerhalb des Gehirns befindet, ja, eigentlich überall im Universum, passt gut zu der wachsenden Anzahl von Experimenten, die zu beweisen scheinen, dass eine Verbindung zwischen räumlich getrennten

Menschen besteht. Es gibt etwa Studien, die anhand von Gehirnscans zeigen, dass der neuronale Zustand einer Person mit demjenigen einer anderen korrelieren kann. Wenn der eine einem Reiz ausgesetzt wird oder einen Gedanken aussendet, wobei man sich die andere Person vorstellt, passt sich der neuronale Zustand der anderen Person dem an.

In einer 2004 durchgeführten Forschungsstudie wurden 60 Personen in Zweiergruppen eingeteilt und in unterschiedlichen Räumen untergebracht, die etwa zehn Meter voneinander entfernt lagen. Eine Person in einer Zweiergruppe wurde aufgefordert, einen Gedanken oder ein Bild an die andere zu senden. Wenn das geschah, reagierten die Partner darauf synchron.[3]

Rupert Sheldrake, ein ehemaliger Forschungsleiter an der *Cambridge University*, gegenwärtig am *Institute of Noetic Science* tätig, beschrieb in seinem Buch *Der Siebte Sinn des Menschen*, dass britische Kampfflieger im Zweiten Weltkrieg, die im Begriff waren, ein feindliches Flugzeug von hinten abzuschießen, es vermieden, den Piloten direkt zu fixieren, da die Intensität des Blicks bewirken konnte, dass dieser sich umdrehte und sie rechtzeitig wahrnahm.

Untersuchungen zufolge geben 70 bis 90 Prozent aller Befragten an, dass sie es spüren, wenn jemand sie von hinten anstarrt.[4] 83 Prozent der Befragten in einer anderen Untersuchung gaben an, dass jemand, den sie von hinten fixierten, sich umdrehte und ihrem Blick begegnete.[5] Viele Angestellte, die Überwachungskameras beobachten, berichten, dass die meisten Menschen es zu spüren scheinen, wenn sie heimlich beobachtet werden.[6]

Hat bei Ihnen jemals das Telefon geklingelt, und sie wussten irgendwie sofort, wer es sein könnte, was sich dann als richtig herausstellte? Sheldrake untersuchte dies 2009 in einer Studie. Die Teilnehmer zwischen 11 und 72 Jahren gaben drei Telefonnummern von Freunden, Kollegen oder Angehörigen an. Dann wählte ein Computer wahllos eine der drei Nummern aus und schickte dem Teilnehmer eine SMS, woraufhin sie raten mussten, woher sie stammte. Die Ergebnisse lagen weit über dem erwarteten Durchschnitt. Die Teilnehmer, die eine besonders hohe Trefferquote gehabt hatten, wurden bei einem weiteren Experiment gefilmt und erreichten wieder eine sehr hohe Quote von 44,2 Prozent. Der erwartete Prozentsatz hätte 33 Prozent betragen.[7]

Korrelationen mit der Physik

Es gibt eine interessante Parallele in der Physik, die Vorstellung, dass das Bewusstsein überall ist.

Wenn ein Wissenschaftler im Labor einen Test durchführt, um das Verhalten von Elektronen zu untersuchen, kann man annehmen, dass sich dieses Elektron überall im Universum gleichzeitig aufhält, sowohl in der Vergangenheit, der Gegenwart und in der Zukunft – bis der Wissenschaftler auf den Einschaltknopf drückt und es beobachtet. Dies wurde durch Richard Feynman bekannt, der als einer der großen Physiker des 20. Jahrhunderts gilt und 1965 den Nobelpreis für seine Arbeit zur Quantenelektrodynamik (QED) erhielt.

In seiner Theorie nimmt er an, dass ein Partikel wie ein Elektron jeden vorstellbaren Weg einschlagen kann, um von A nach B zu gelangen. Statt in einer geraden Linie wie ein Ball von einem Punkt zum anderen zu rollen, kann es sich im Zickzack bewegen. Es kann eine Trillion Kilometer nach links springen und sogar in der Zeit vor- und zurücksausen, verrückt herumtanzen oder in einem kleinen Café in Frankreich haltmachen und ein Croissant essen, ehe es schließlich bei B ankommt.

So lächerlich das klingt – wer hat schon ein Elektron tanzen gesehen? –, nichts in den Formeln der Quantenphysik besagt, dass dies *nicht* passieren kann. Die Formeln, die in der Tat zu großem Fortschritt in den Naturwissenschaften geführt haben, funktionieren nur mit der Annahme, dass ein Partikel praktisch überall ist, solange es nicht beobachtet wird.

Klingt das vielleicht so wie eine Beschreibung des Bewusstseins?

Auch das Bewusstsein kann man sich überall vorstellen, solange wir es nicht beobachten. Grundsätzlich bedeutet es, dass wir – unser Bewusstsein, unsere Essenz oder Sein – im gesamten Universum verteilt sind, in der Vergangenheit, der Gegenwart und in der Zukunft. Wow! Warum fühlt man es dann nicht?

Wenn Sie gegenwärtig auf einem Stuhl sitzen, spüren Sie vermutlich bloß Ihr Hinterteil und belauschen keine Unterhaltung zwischen zwei Außerirdischen auf einem fernen Planeten. Das Gefühl im Hinterteil gleicht einer Beobachtung, genau wie das Entdecken von Elektronen in einem Labor unter diesen Begriff fällt. Und da Sie Ihren Körper beobachten, haben Sie das Gefühl, in Ihrem Körper zu sein.

Das Bewusstsein fühlt sich also an, als sei es im Kopf, denn wir haben nun mal einen Kopf und wir können ihn fühlen, unter anderem, weil wir durch die Augen hinaus in die Welt sehen und mit den Ohren hören. Dadurch können wir das beobachten, was wir als unser Selbst empfinden, so, als würde man im Labor auf den Anschaltknopf drücken.

Nur, wenn wir aufhören, uns selbst zu beobachten, was bei einer Nahtoderfahrung oder bei der transzendentalen Erfahrung einer Meditation passiert, erleben wir uns anders, denn unsere Aufmerksamkeit befindet sich dann nicht innerhalb des Körpers, sondern so weit außerhalb, dass wir uns als unendlich empfinden.

Das ist ein schwieriges Konzept, das man nicht leicht begreift, und ich verstehe, warum die Mainstream-Wissenschaft dem skeptisch gegenübersteht. Wir können es weder so noch so beweisen. Wir können uns lediglich auf Erfahrungen berufen, und mit Blick auf wissenschaftliches Vorgehen reicht das nicht weit. Doch es heißt deswegen nicht, dass es falsch ist!

Wir bestehen aus Liebe

Die Atome, aus denen unser Körper besteht, existieren nur aufgrund der anziehenden Kräfte, die sie zusammenhalten. Wenn diese Kräfte nicht existierten, dann gäbe es auch keine Atome, genau wie ein Kuchen nicht existieren würde, wenn die Eier die anderen Zutaten nicht zusammenhielten. Falls die Anziehungskräfte zu irgendeinem Zeitpunkt abhandenkämen, würde das gesamte Universum, wie wir es kennen, einfach verschwinden.

Man könnte sagen, dass innerhalb von Atomen ein Gesetz der Anziehung wirkt. Und wenn dieses Gesetz nicht existierte, dann würde es auch unseren Körper nicht geben, denn Atome konstituieren unsere DNS, und unsere DNS im Verbund mit anderen großen Atomverbänden macht unsere Zellen aus, und die Zellen verbinden sich in einer Gemeinschaft von 80 Trillionen zu unserem Körper.

Und hier der Grund, warum ich glaube, dass wir aus Liebe bestehen: Die Anziehungskräfte entstehen aus dem Quantenfeld, genau wie die Protonen. Wissenschaftler haben immer schon angenommen, dass ein Quantenfeld reaktionsträge ist, leblos, teils aufgrund der Überzeugung, dass sich das Bewusstsein im Kopf befindet. Aber wenn wir die Vorstellung akzeptieren, dass das Bewusstsein über das gesamte Universum hinweg verteilt ist und nicht nur im Kopf existiert, bedeutet dies, dass es auch überall im Quantenfeld vorhanden ist – es ist einfach überall. Also existiert es auch innerhalb der Anziehungskräfte, es ist Bestandteil der Anziehungskraft.

Welche Eigenschaften weist das Bewusstsein auf, wenn ein

Ding oder eine Person sich von einer anderen angezogen fühlt? Was ist diese Anziehungskraft? Ja, es ist die Liebe. Wir können also sagen, dass die Anziehungskräfte, die die Atome zusammenhalten, der Quantenausdruck von Liebe ist.

Jeder Mensch besteht aus Atomen. Das macht uns zu einem ziemlich umfassenden Ausdruck von Liebe. Technisch gesehen, bestehen wir aus Liebe – jedenfalls irgendwie …

Manche spirituellen und religiösen Lehren betrachten Liebe und Licht als austauschbar. Man könnte daher auch sagen, dass wir Wesen aus Licht sind.

Das führt mich zu einer ziemlich coolen Geschichte, die passierte, während ich an diesem Buch arbeitete.

Das Deo-Wunder

Ich hatte mich schon eine Weile mit der Vorstellung beschäftigt, dass wir alle Wesen aus Licht sind, und machte jeden Morgen, während ich mit Oscar spazieren ging, eine Lichtmeditation. Ich stellte mir vor, wie sich ein Wesen aus reinem, weißem Licht vor mir materialisierte, ging dann darauf zu und schlüpfte in es hinein wie in ein Kleidungsstück, sodass ich nun einen Anzug aus Licht um mich spürte. Dabei richtete ich mich kerzengerade auf und streckte sogar meine imaginären Engelsflügel aus. Das verband ich dann mit meiner »Power«-Haltung, oder dem »Power«-Gang, der praktisch das Gehen in der »Power«-Haltung bedeutet. Ich sagte mir: »Ich bin ein Wesen aus Licht«, und fragte mich: »Wie würde ein Wesen aus Licht sich bewegen?« Ich konzentrierte mich auf meine Haltung, meine Bewegungen, meinen Gesichtsausdruck, den Atem. Dabei stellte ich mir die ganze Zeit über vor, aus reinem Licht zu bestehen und mit allem und jedem verbunden zu sein.

Diese Art der Meditation hatte ich bereits mehrere Wochen

lang geübt, als eine Einladung zu einer Konferenz in London folgte. Einen Tag später sollte ich in Salzburg eine Rede halten. Doch mir war das Deo ausgegangen, und ich musste unbedingt ein neues kaufen, wenn ich für meine Vorträge frisch riechen wollte. Ich hatte schon eine Weile die Marke *Dove for Men* benutzt, und so verließ ich das Hotel auf der Suche danach.

Es begann zu regnen, und da ich keinen Schirm dabeihatte, stellte ich mir meinen Anzug aus reinem Licht vor und schlüpfte hinein (eine Kapuze hatte er allerdings nicht, denn ich wurde trotzdem nass). Dann stellte ich mir vor, ein Wesen aus Licht und mit der ganzen Stadt verbunden zu sein. Ich stellte mir auch vor, dass sich die Information, wo ich mein Deodorant finden würde, ebenfalls einstellen würde, ohne dass ich allzu nass wurde.

Instinktiv wandte ich mich an der nächsten Straßenecke nach links. Aber dann dachte ich, dass ich als Lichtwesen einfach dastehen und die Hand ausstrecken konnte, und da ich mit allem verbunden war, würde das Deo in meiner Hand landen. Ein Lichtwesen würde wissen, dass es *gut genug* war, und ein Recht auf Liebe, Gesundheit, Glück, Erfolg, Reichtum und sein Lieblings-Deo hatte. Genau das ging mir durch den Kopf, als ich da im Regen stand.

Ich stellte meinen Glauben nicht allzu sehr auf die Probe, denn der Regen wurde stärker, und, wie gesagt, mein Lichtanzug hatte keine Kapuze. Mir wurde klar, dass ich wohl eine ganze Weile mit ausgestreckten Händen dastehen müsste und dabei vermutlich völlig durchnässt würde. Als ich an der nächsten Ecke wieder nach links bog, fand ich allerdings sofort einen Laden, der mein Deo verkaufte.

Aber die Geschichte ist noch nicht zu Ende, denn von einem Wunder kann ja bisher noch nicht die Rede sein.

Eine Woche später hielt ich einen weiteren Vortrag in London. Mein Flug von Edinburgh nach Heathrow hatte vier Stunden Verspätung, und so bot man mir einen Flug nach Gatwick, Londons anderem Flughafen, an.

Dort angekommen, musste ich den Gatwick-Express nach London Victoria nehmen. Diese Station war mir nicht sehr vertraut, weil ich erst ein paarmal dort angekommen war. Der Bahnhof hat mehrere Ausgänge, daher kann es schwierig sein, sich zurechtzufinden. Ich versuchte, mich zu orientieren, und suchte nach Schildern für die verschiedenen Ausgänge. Vielleicht hätte ich besser aufpassen sollen, denn ich stieß dabei mit einer jungen Frau zusammen und warf sie fast um.

Instinktiv streckte ich ihr die Hand hin, um mich zu entschuldigen.

Sie sah mich direkt an und legte dann wortlos ein Deo von *Dove for Men* in meine Hand.

Ein paar Sekunden lang war ich wie benommen. Dann ging mir auf, was sich gerade ereignet hatte. Ich war überwältigt von dieser Erkenntnis, rief laut: »Ja!«, und reckte triumphierend die Faust in die Luft.

Ich habe keine Ahnung, was sich die junge Frau dabei gedacht hatte – vielleicht, dass ich schon eine Weile herumgehetzt war und daher heftig schwitzte? Wer weiß?

Ich habe das Deo übrigens immer wie einen Talisman in der Tasche, als Erinnerung daran, was an diesem Tag geschah. Benutzt habe ich es nicht, nun, nur einmal, als mir wieder das Deo ausging und ich bei einer Konferenz einen Vortrag halten sollte. Hmmm … Bildet sich hier vielleicht ein Muster heraus?

Mein kleiner Deo-Talisman erinnert mich in Augenblicken des Zweifels, bei Herausforderungen, Sorgen oder Angst daran, was alles möglich ist, wenn wir daran glauben.

• • • • • • • • • • • • •

Zusammengefasst heißt das ... Das vierte Stadium der Selbstliebe ist einfach »Ich bin«. Die Abfolge lautet also: »Ich bin nicht gut genug«, »Ich habe genug«, »Ich bin gut genug«, »Ich bin«.

Darauf folgt nichts mehr, denn wir sind unendlich. Wir fühlen uns bloß als Mensch, weil wir einen Körper haben. Dieser Körper existiert aufgrund der Anziehungskraft der Atome, die ein Quantenausdruck von Liebe sind. Essenziell ist jeder Mensch ein Wesen aus Licht – der physische Ausdruck der Erkenntnis, dass es ist.

Die Erkenntnis, dass wir Wesen aus Licht sind, bestätigt, dass wir mehr als gut genug sind, nämlich, dass wir sind.

Würde sich ein Lichtwesen jemals unwürdig fühlen? Würde es jemals denken, es verdiente es nicht, glücklich zu sein, geliebt zu werden, erfolgreich zu sein, Geld und neue Schuhe zu haben, befördert zu werden, im Restaurant zu essen, Zeit für sich zu haben und ein schönes Bad an einem Dienstagabend? Was meinen Sie?

Ein Lichtwesen würde diese Fragen nicht einmal stellen. Es würde sich auch weder unwürdig noch verdienstvoll fühlen. Es würde einfach wissen, dass es in Ordnung ist, sich solche Dinge zu wünschen. Es brauchte sich das Recht dazu nicht zu verdienen. Es hätte zu hundert Prozent Anspruch darauf. Es gäbe keinen Grund, warum das nicht so sein sollte.

Sie sind ein solches Wesen aus Licht. Denken Sie eine Weile darüber nach.

Sie haben Anspruch auf Glück, Liebe, Erfolg, Geld, eine Beförderung, ein schönes Essen, Zeit für sich, ein heißes Bad an einem Dienstag.

Also ... verwirklichen Sie es!

Ein paar Worte zum Schluss

»Was hinter uns liegt und was vor uns liegt, ist winzig im Vergleich zu dem, was in uns liegt.«
Ralph Waldo Emerson

Sie sind es wert, Liebe, Glück, Wohlstand und alle Freuden zu erleben, die das Leben zu bieten hat. Das sind keine leeren Worte, das ist eine Tatsache.

Haben Sie daher keine Angst, das Leben nach Ihren Wünschen zu leben. Es ist *Ihr* Leben und gehört keinem anderen.

Richten Sie sich auf! Erkennen Sie an, wie wertvoll Sie sind. Übernehmen Sie die Verantwortung für Ihr Leben von diesem Augenblick an. Seien Sie eine Leitfigur in Ihrem eigenen Leben. Das ist meine Aufforderung an Sie.

Machen Sie keine Ausflüchte. Entschuldigen Sie sich nicht, weil Sie so sind, wie Sie sind. Warten Sie nicht darauf, dass die Welt zu Ihnen kommt. Richten Sie sich auf und treten als Sie selbst hinaus in die Welt. Lassen Sie alle Vögel am Himmel Ihren Namen singen.

Haben Sie keine Angst, sich selbst herauszufordern. Das Leben beginnt gleich hinter dem Rand Ihrer Komfortzone.

Leben Sie, lachen Sie, spielen Sie! Suchen Sie Kontakt zu anderen Menschen und behandeln Sie sie freundlich. Seien Sie authentisch. Und vergessen Sie nie, freundlich zu sich selbst zu sein.

Leben Sie Ihr Leben genau so, wie Sie es wollen. Es ist immerhin Ihr einziges. Schauen Sie nach vorn. Sie haben nichts zu beweisen. Wen stört es, wenn Sie ab und zu hinfallen? Stehen Sie einfach auf und versuchen Sie es noch mal.

Man braucht niemanden davon zu überzeugen, dass man wertvoll ist. Sie sind wertvoll, einfach weil Sie existieren. Ihr Leben ist wertvoll, weil es existiert. Es ist eine grundsätzliche Tatsache, dass Sie gut genug sind. Sie sind niemals *nicht* gut genug gewesen, und es wird niemals vorkommen, dass Sie nicht gut genug sind. Das ist ebenfalls eine Tatsache.

Ich habe einmal ein Plakat gesehen, auf dem geschrieben stand: »Ich bin schön, weil …« Wissen Sie, wie der Satz weitergeht? »… ich bin.«

Das ist gleichzeitig ein Anfang.

Dank

Das Schreiben dieses Buches ist für mich zu einer wahren Reise geworden. Ich glaube, dass Oscar, mein zwei Jahre alter Labrador, in mein Leben trat, um mir dabei zu helfen. Ohne seine Liebe, sein Rollenvorbild, das Lachen, das er täglich auslöste, und ohne sein Bedürfnis, dass ich mich um ihn kümmerte, wäre ich vermutlich nicht fähig gewesen, das Buch zu vollenden. Denn dazu musste ich mich grundsätzlich innerlich verändern.

Meine Partnerin Elizabeth Caprioni hat mich auf dieser Reise begleitet, und ich bin zutiefst dankbar für ihre Liebe, ihre Präsenz und ihre Geduld mit mir, während ich auf dem Weg, mich selbst, mein Leben und meinen Platz in der Welt anders zu sehen, ständig stolperte und taumelte. Außerdem bin ich Elizabeth dankbar dafür, dass sie wichtige Forschungsdaten für mich fand, die die Thesen in diesem Buch untermauern, und für die vielen nützlichen Vorschläge beim Schreiben, darunter auch die Erlaubnis, ihr Gedicht auf Seite 134 zu veröffentlichen.

Ewig dankbar werde ich Robert Holden für seine Freundschaft und Unterstützung sein. Während des gesamten Schreibprozesses war Robert eine beständige Quelle für Freundschaft, Unterstützung und Inspiration. Ich könnte ein ganzes Buch mit seinen Bemerkungen über das Leben, die Liebe und das Universum füllen, die ich auf kleinen Zettelchen, auf Servietten, auf meinem Handrücken oder sonst wo aufschrieb, wenn Robert mich anrief, um zu fragen, wie es mit dem Schreiben lief. Natürlich hat er sich dann auch nach Elizabeth und Oscars Späßen erkundigt.

Eine Inspiration für dieses Buch war Alyx Mia Redford. Als ich sah, wie sie ihr eigenes Abbild in einem Ankleidespiegel küsste und sich dabei selbst umarmte, wusste ich, dass diese junge Frau mir eine Menge in Sachen Selbstliebe beizubringen hatte. Mich inspirierte auch, wie ihre Eltern, meine guten Freunde Bryce und Allyson, sie stets zu der Überzeugung angeleitet haben, dass sie definitiv *gut genug* ist.

Bryce bin ich auch dankbar, dass er das Manuskript gelesen und mir seine Gedanken dazu mitgeteilt hat, von denen einige den Inhalt geprägt haben.

Ein Dank ergeht auch an meinen lieben Freund Assad Ngyal für seine Gründlichkeit, für das detaillierte Urteil und die vielen wertvollen Vorschläge, von denen einige Schlüsselpassagen dieses Buches geprägt haben. Ein Dank auch, weil du deine eigenen Verletzlichkeiten bloßgelegt und mir geholfen hast zu erkennen, wie wertvoll dieses Buch sein kann.

Danke auch Bhavna Patel, Gillian Sneddon und Margaret McCathie, die sich die Zeit nahmen, das Manuskript zu lesen, und mir aufrichtiges Feedback gaben. Ohne sie würden mehrere wichtige Gedanken fehlen.

Michelle Pilley, der Managerin von Hay House, bin ich sehr zu Dank verpflichtet, weil sie mir die Zeit gab, die ich brauchte, dieses Buch zu schreiben.

Außerdem bin ich allen anderen bei Hay House UK sehr dankbar, auch wenn wir Autoren sie nicht immer persönlich kennenlernen und wissen können, wie sehr sie zu den Büchern beitragen: Ich bin äußerst dankbar für alles, was sich hinter den Kulissen tat, von einfachen Meinungen und Feedback zum Inhalt bis zum Design, Vertrieb und Marketing, dafür, dass wir auch in der digitalen Welt präsent sind … ich könnte noch vieles aufzählen.

Ein Dank ergeht auch an meine Lektorin Lizzie Henry – wie kann ich ausdrücken, was sie geleistet hat, wie sie half, diesem Buch Gestalt zu verleihen? Lizzie, Sie sind Gold wert!

Ein Dank auch an Lizzie Prior, die mich als Erste überzeugte, wie wichtig das große rote Herz auf dem Umschlag der englischen Originalausgabe war und die eigens für mich ein Umschlagmodell anfertigte.

Ein Dank ergeht auch an Anita Moorjani und ihren Mann Danny. Es war die Unterhaltung mit ihnen nach einer »I Can Do It«-Konferenz, die mich anregte, dieses Buch zu schreiben und mein eigenes Selbstliebe-Projekt zu beginnen.

Als Letztes möchte ich meinen Eltern Robert und Janet Hamilton aus ganzem Herzen danken. Ihr habt mich stets unterstützt, an mich geglaubt und mich ermutigt, das zu sein, was ich sein wollte. Eure Liebe, Unterstützung, Einsichten und Fürsorge, auch noch für mich als Erwachsenen, haben mir geholfen, den Platz im Leben zu erreichen, wo ich heute sagen kann: »Ich bin gut genug.«

Nachwort

Mein geliebter Hund Oscar starb am Mittwoch, den 12. November, im Alter von zwei Jahren und zwei Monaten.

Trotz des Verlustschmerzes bin ich zutiefst dankbar, ihn in meinem Leben gehabt zu haben, auch wenn es nur für eine kurze Zeit war. Oscar hat mich verwandelt.

Ich lernte mit ihm, eine Art Vater zu sein.

Er trat als acht Wochen alter Welpe in unser Leben, etwa um die Zeit, als ich die Arbeit zu diesem Buch begann, und er starb, als ich es beendete.

Ehe Oscar unser Leben bereicherte, hatte ich eigentlich noch nicht begonnen, mich als wertvoll zu akzeptieren oder wirklich erwachsen zu fühlen. Ich habe in diesem Buch erwähnt, dass alle Erwachsenen sich zuweilen wie Kinder verhalten, aber tief drinnen wusste ich, dass ich selbst noch nicht bereit war, richtig erwachsen zu sein, auch nicht mit 42. Um ehrlich zu sein, hatte ich Angst, den Schritt ins Erwachsenenleben zu tun. Dazu gehört ja auch, wirklich Verantwortung zu übernehmen.

Oscar zwang mich dazu, eine Art Elternrolle zu übernehmen. Erst war ich zögerlich, doch dann fand ich mich sehr schnell darin zurecht. Es war bei Weitem der beste Job meines Lebens. Früher hatte ich mich oft klein gefühlt, vorwiegend, weil ich Angst hatte und nie wirklich glaubte, gut genug zu sein. Aber mit Oscar lernte ich, mich nicht länger zu verstecken. Es war eine wunderbare Erfahrung an Selbstliebe für mich.

Oscar spielte bei meinem Reifeprozess in Richtung Selbstliebe eine große Rolle. Ich kann aufrichtig sagen, dass ich dieses Buch ohne ihn in meinem Leben wohl nie geschrieben hätte. Ich glaube, er kam zu mir, um mir zu helfen, im Leben voranzukommen.

Oscar war sehr liebenswürdig und verspielt. In den zwei Jahren, die er mit uns verbrachte, habe ich jeden Tag mindestens einmal gelacht. Es war unmöglich, in Oscars Gegenwart unglücklich zu sein. Er munterte einen immer sehr schnell auf und lenkte einen von allem ab, was man vielleicht für wichtig hielt. Ich muss in Gedanken daran lächeln, wie er mir immer klarmachte, dass er spielen wollte, indem er leise, fast menschlich wimmernde Laute von sich gab, seine feuchte Nase an meinen Hals bohrte oder mit der Pfote mein Gesicht berührte.

Mit Oscar habe ich Selbstliebe auf eine Weise gelernt, wie ich sie vorher nicht kannte. Ich habe sehr viel über Liebe im Allgemeinen gelernt.

Die machtvollste Demonstration von Liebe, die ich je bezeugt habe, war, als wir mit Oscar zum Tierarzt gingen, wo er schließlich eingeschläfert werden musste. Er hatte einen sehr aggressiven Krebs, und man konnte nichts gegen dessen Ausbreitung unternehmen. Das kranke Bein war zwar amputiert worden, aber drei Monate später war der Krebs in die Lungen eingedrungen. Das war einfach zu viel für ihn.

Trotz des tiefen, verzehrenden und wilden Schmerzes, den Elizabeth und ich über den bevorstehenden Verlust unseres Lieblings empfanden, bestand sie darauf, dass wir uns fröhlich verhielten. Wenn er uns traurig oder ängstlich sähe, würde ihn das beunruhigen. Sie wollte, dass seine letzten Augenblicke mit uns glücklich verliefen. Und so war es auch.

Trotz ihres Leids dachte Elizabeth nicht an sich. Sie liebte Oscar so sehr, dass sie ihn glücklich machen wollte. Diese Erfahrung lehrte mich, um was es bei echter Liebe geht. Obwohl ich fast zusammenbrach, ließ ich alle Schutzbarrieren fallen zwischen meinem Selbst und dieser tiefen Erfahrung von Liebe.

Nachdem Oscar gegangen war, erkannte ich, dass dieser Hund mein Herz weit geöffnet hatte. Ich erlebte etwas, was ich als grundsätzliche Zuneigung für jeden Menschen beschreiben kann. Das war mir vorher nie aufgefallen, aber nachdem Oscar gestorben war, spürte ich es fast ständig.

Er gab mir auch die Erkenntnis, dass ich es wert war, geliebt zu werden. Er liebte mich so sehr, dass es unmöglich war, es nicht zu akzeptieren.

Das sind nur ein paar Aspekte, wie Oscars kurzes Leben mich verwandelte. Ich werde stets dankbar für das Privileg sein, ihn in meinem Leben gehabt zu haben, und die Erinnerung an die vielen, vielen glücklichen Zeiten mit ihm stets schätzen.

Anmerkungen

Kapitel 1: Die drei Stadien der Selbstliebe

1 B. Grayson, M. I. Stein: »Attracting Assault«, in: *Journal of Communication*, Winter 1981, 31(1), 68–75

Kapitel 2: … und nun zu den Eltern

1 Aus: B. Brown: *Verletzlichkeit macht stark. Wie wir unsere Schutzmechanismen aufgeben und innerlich reich werden*. Kailash 2013

2 V. Walkerdine, unveröffentlichte Untersuchung, Dept. for Psychology, Goldsmiths College, London, 1995, zitiert in: O. James: *They F… You Up: How to Survive Family Life*, Bloomsbury 2002

3 S. S. Luthar, B. E. Becker: »Privileged but Pressured? A Study of Affluent Youth«, in: *Child Development* 2002, 73, 1, 593–610

4 Ebda.

5 Siehe Website www.drcliffordkuhn.com

Kapitel 3: Wie Sie durch Körperarbeit Ihre Gefühle verändern

1 C. L. Kleineke, T. R. Peterson und T. R. Rutledge: »Effects of

self-generated facial expressions on mood«, in: *Journal of Personality and Social Psychology*, 1998, 74(1), 272–9

2 P. Eckman: »An argument for basic emotions«, in: *Cognition and Emotion*, 1992, 6(3/4), 169–200

3 D. R. Carney, A. J. C. Cuddy und A. J. Yap: »Power posing: brief nonverbal displays affect neuroendocrine levels and risk tolerance«, in: *Psychological Science,* 2010, 21(10), 1,363–8

4 Ebda.

5 Ebda.

6 Ebda.

7 S. Nair, M. Sagar, J. Sollers, N. Consedine und E. Broadment: »Do slumped and upright postures affect stress responses? A randomized trial«, in: *Health Psychology*, 2014, Sep 15

Kapitel 4: Die Kraft der Visualisierung

1 Für einen Überblick siehe U. Debamot, M. Sperduti, F. di Rienzo und A. Giollot: »Experts' bodies, experts' minds: how physical and mental training shapes the brain«, in: *Frontiers in Human Neuroscience*, 2014, 8, Artikel 280, 1–17

2 A. Pascual-Leone, D. Nguyet, L. G. Cohen, J. P. Brasil-Neto, A. Cammarota und M. Hallet: »Modulation of muscle responses evoked by transcranial magnetic stimulation during the acquisition of new fine motor skills«, in: *Journal of Neurophysiology*, 1995, 74(3), 1037–45, zit. in: D. R. Hamilton: *How your Mind Can Heal Your Body.* Hay House 2008

Kapitel 5: Ist es wichtig, dass jeder Sie mag?

1 Aus: S. Özkan: *Die Stimme der Rose*. Blanvalet 2007

2 J. H. Fowler, N. A. Christakis, »Dynamic spread of happiness in a large social network: Longitudinal analysis over 20 years in the Framingham Heart Study«, in: *British Medical Journal,* 2008, 337, a2,338, 1–9

Kapitel 7: Das Körperbild

1 A. Furnham, N. Greaves: »Gender and locus of control correlates of body image dissatisfaction«, in: *European Journal of Personality*, 1994, 8, 183–2000

2 A. Morgan: »Mehr als jeder Zweite hat schon eine Diät gemacht«, in: *Der mingle-Trend*, 17. März 2011, auch unter: http://mingle-trend.respondi.com/de/mehr-als-jeder-zweite-hat-schon-eine-diat-gemacht/

3 V. Cardi, R. di Matteo, P. Gilbert und J. Treasure: »Rank perception and self-evaluation in eating disorders«, in: *International Journal of Eating Disorders*, 2014, 47(5), 543–52

4 www.youtube.com – »Yah! Celebs' eye view«

5 H. G. Pope, K. A. Phillips und R. Olivardia: *The Adonis Complex: The Secret Crisis of Male Body Obsession*. Free Press 2000

6 T. Moore: »HIV fears over increase in steroid injections«, *Sky News*, 9.4.2014

7 P. Apfel: »Jugendliche dopen für einen schönen Körper«, in: *Focus-Online* 15.7.2013, siehe auch: http://www.focus.de/gesundheit/gesundleben/fitness/leistung/tid-32026/spritzen-ampullen-testosteron-clenbuterol-jugendliche-dopen-fuer-einen-schoenen-koerper_aid_1025308.html

8 S. Grogan: *Body Image*, Routledge 2008

9 R. Rodgers, H. Chabrol: »The impact of exposure to images of ideally thin models on body dissatisfaction in young French and Italian women«, in: *Encephale*, 2009, 35(3), 262–8

10 I. D. Stephen, A. T. M. Perera: »Judging the difference between attractiveness and health: Does exposure to model images influence the judgments made by men and women?«, in: *PLOS ONE* 2014, 9(1), e86, 302

Kapitel 10: Mitgefühl für sich selbst

1 J. K. Rowling: Harry Potter und die Kammer des Schreckens, Carlsen Verlag 1999

2 Kristin Neff diskutiert verschiedene Vorteile von Selbstmitgefühl in: *Self-Compassion: Stop Berating Yourself Up and Leave Insecurity Behind.* Hodder 2011

3 J. G. Breines, M. V. Thoma, D. Gianferante, L. Hanlin, X. Chen und N. Rohleder: »Self-Compassion as a predictor of interleukin-6 response to acute psychosocial stress«, in: *Brain Behaviour and Immunity*, 2014, 37, 109–14

4 T. W. W. Pace, L. T. Negi, D. D. Adame, S.P. Cole, T.I. Sivillia, T.D. Brown, M.J. Issa und C.L. Raison: »Effect of compassion meditation on neuroendocrine, innate immune and behavioural responses to psychosocial stress«, in: *Psychoneuroendocrinology*, 2009, 34(1), 87–98

5 B. Shahar, O. Szesepsenwol, S. Zilcha-Mano, N. Haim, O. Zamir, S. Levi-Yeshuvi und N. Levit-Binnun: »A wait-list randomized controlled trial of loving-kindness meditation programme for self-criticism«, in: *Clinical Psychology and Psychotherapy*, 2014, 16.3., epub vor Veröffentlichung

6 B. Frederickson, M. Cohn, K. A. Coffey, J. Pek und S. M. Finkel: »Open hearts build lives: positive emotions, induced through loving-kindness meditation, build consequential personal resources«, in: *Journal of Personality and Social Psychology*, 2008, 95(5), 1045–62

7 P. Pearsall: »Contextual cardiology: what modern medicine can learn from ancient Hawaiian wisdom«, in: *Cleveland Clinical Journal* of *Medicine*, 2007, 74/(1), 99–104. Die Forschungsarbeit, die in diesem Artikel als Beispiel für »Harte Ehe, hartes Herz« beschrieben wird, beruht auf: T. W. Smith, C. Berg, B. N. Uchino, P. Florsheim und G. Pearce: »Marital conflict behaviour and coronary artery calcification«, präsen-

tiert vor der *American Psychosomatic* Society, 64. Jahresversammlung, Denver, 3.3.2006

8 C. A. Hutcherson, E. M. Seppala und J. J. Gross: »Loving-kindness meditation increases social connectedness«, in: *Emotion*, 2008, 8/(5), 720–24

9 J. W. Carson, F. J. Keefe, T. R. Lynch, K. M. Carson, V. Goli, A. M. Fras und S. R. Thorp: »Loving-kindness meditation for chronic low back pain«, in: *Journal of Holistic Nursing*, 2005, 23(3), 287–304

10 P. Arnstein, M. Vidal, C. Wells-Federman, B. Morgan und M. Caudill: »From chronic pain patient to peer: benefits and risks of volunteering«, in: *Pain Management Nursing*, 2002, 3(3), 94–103

Kapitel 11: Vergeben

1 Siehe Kapitel 12: »Letting go of the Past«, in: D. R. Hamilton: *Why Kindness is Good For You.* Hay House 2010. Die einzelnen Zitate hier sind aus: R. D. Enright, E. A. Gassin und C. Wu: »Forgiveness: a developmental view«, in: *Journal of Moral Education*, 1992, 21, 99–114; C. V. O. Witvliet, T. E. Ludwig und K. L. Vander Laan: »Granting forgiveness of harbouring grudges: implications for emotion, physiology and health«, in: *Psychological Science*, 2001, 121, 117–23; J. P. Friedberg, S. Suchday und D.V. Shelov: »The impact of forgiveness on cardiovascular reactivity and recovery«, in: *International Journal of Psychophysiology*, 2007, 65(2), 87–94; M. Waltman, D. Russell und R. Enright: »Research study suggests forgiving attitude may be beneficial to the heart«, Artikel für die Jahresversammlung der *American Psychosomatic Society*, 5.-8.3. 2003, Phoenix, Arizona; D. Tibbits, G. Ellis, C. Piramelli, F.M. Luskin und R. Lukman: »Hypertension reduction through forgiveness training«, in: *Journal of Pastoral Care and*

Counselling, 2006, 60(1–2), 27–34; M. E. McCulloch, L. M. Root und A. D. Cohen: »Writing about the benefits of an interpersonal transgression facilitates forgiveness«, in: *Journal of Consulting and Clinical Psychology*, 2006, 74(5), 887–97

Kapitel 14: Das vierte Stadium der Selbstliebe

1 P. van Lommel. R. van Wees, V. Meyers und I. Elfferich: »Near death experiences in survivors of cardiac arrest: a prospective study in the Netherlands«, in: *The Lancet*, 2001, 358, 2039–45
2 Siehe *Wikipedia:* »Nahtoderfahrungen«
3 J. Standish, L. Kozac, L. C. Johnson und T. Richards: »Electroencephalographic evidence of correlated event-related signals between brains of spatially and sensory isolated human subjects«, in: *Journal of Alternative and Complementary Medicine*, 2004, 10(2), 307–14
4 Zitiert in R. Sheldrake: *Sieben Experimente, die die Welt verändern könnten*. Scherz Verlag, 2000
5 Zitiert in R. Sheldrake: *The Sense of Being Stared At and Other Aspects of the Extended Mind.* Hutchinson 2003
6 Ebda.
7 R. Sheldrake, L. Avraamides und M. Novak: »Sensing the Sending of SMS messages: an automated test«, in: *Explore*, 2009, 5(5), 272–6